아이 그림으로 엄마가 만든

세상에 딱 하나뿐인 인형

백선애 지음

꽃숨

prologue

아이 그림으로 만든 인형, 엄마와 아이 둘만의 이야기가 담겨 있어요

아이들을 키우면서 감동적이었던 순간들을 기억합니다.
엄마 손을 놓고 아이 혼자 걸음마를 떼던 날, 처음으로 의사표현을 하던 날, 유치원 입학식, 초등학교에 들어가던 날, 그리고 알 수 없는 낙서만 하던 아이가 드디어 사람 얼굴을 그렸던 순간도 잊을 수가 없어요.
아이들의 몸과 마음은 하루가 다르게 성장합니다. 이렇게 자라나는 내 아이를 지켜보는 것이 부모의 가장 큰 기쁨이 아닐까요.
아이들 어렸을 적을 떠올리다 보면 늘 마음 한구석에 아련하게 남아 있는 것이 있어요. 직장생활을 하고 있을 때여서 하루에 아이와 함께할 수 있는 순간이 너무 짧았던 시절. 아이가 커가는 순간들을 제대로 지켜보지 못한 아쉬움이에요.
늦은 밤, 아이가 잠들기 전 그려놓은 그림과 그림일기를 보면서 '오늘 하루는 이렇게 보냈구나…….' 할 수밖에 없었어요. 그림은 아이가 제게 건네는 편지와도 같았고, 그 시절 아이의 마음을 알 수 있는 소중한 통로였지요. 유난히 발길이 떨어지지 않는 날은 아이의 작은 그림을 지갑 속에 사진처럼 넣고 출근하기도 했어요. 그것만으로도 아이와 함께 있는 것처럼 든든했어요.

세월이 흘러 직장을 그만두었고, 큰 아이는 사춘기 소녀가 되어 아이도 엄마도 서로 힘든 시간을 보낸 적이 있어요. 그때 우연히 아이의 성장앨범을 들췄다가 아이의 그림들을 다시 만나게 되었답니다. 동그라미를 그렸다가 팔 다리가 있는 사람을 그리고, 어느 날엔 치마를 입고 있는 여자 아이도 있었지요. 한 장씩 넘겨보다가 화려한 왕관을 쓰고 긴 속눈썹을 가진 인어공주 그림에 멈추게 되었어요. '어머, 이 그림!'. 아이와 극장에서 인어공주 애니메이션을 봤던 그 날이 떠올랐어요. 제법 멋지게 인어공주를 그린 아이가 기특해서 앨범 속에 스크랩해두었던 그림이에요.
새록새록 반가운 기분에 한참을 들여다보는데, 어떤 그림은 시간이 오래 흘러 이미 흐릿해져 있었어요. 아이의 어린 시절을 간직한 그림이 이렇게 사라져가는 것이 너무 안타까

워 사진으로 찍어두기도 하고 비닐 안에 한 장 한 장 넣어보기도 했어요. 그러다 문득, '이 그림들로 인형을 만들면 어떨까?' 하는 생각이 들었죠. 그림과 똑같이 인형을 만들어 두면 오래도록 함께할 수 있을 테니까요. 그렇게 아이들이 그린 그림을 하나씩 인형으로 만들기 시작했답니다.

인형을 만드는 동안 저는 그 시절의 예쁘고 순했던 딸아이와 만나고 있었습니다. '이렇게 사랑스럽고 착한 아가였구나. 엄마 껌딱지로 내 옆에만 꼭 붙어 있던 아이였는데……'. 사춘기를 겪느라 예민한 아이와 신경전을 했던 마음도 어느새 눈 녹듯 풀렸어요. 아이와 많은 이야기를 나누지 못했던 것에 미안하기도 했고, 엄마의 마음도 위로 받고 있었습니다. 완성된 인형을 보고 아이는 신기해하며 기뻐했고, 자기 그림을 인형으로 만든 엄마의 정성에 감동받은 눈치였어요. 그렇게 아이와 또 하나의 추억을 공유하며 힘든 시간들도 지나갔어요.

아이가 그린 그림으로 엄마가 만든 인형은 세상에 딱 하나뿐이에요. 그 인형 안에는 엄마와 아이만 알고 있는 이야기가 담겨 있으니까요.

어른의 눈으로는 바라볼 수 없는 무한한 세상이 아이의 그림 속에 담겨 있어요. 그래서 아이의 상상력이 더해져 탄생한 그림들은 그 무엇과도 바꿀 수 없는 보물이에요. 꼭 완벽한 그림이 아니어도 좋답니다. 메모지에 쓱 그린 낙서에도 아이의 생각과 느낌이 살아 있으니까요. 아이 그림을 인형으로 표현하는 동안 아이 그림에 대한 엄마의 시각이 보태져서 인형으로 완성됐을 때 그림 속의 특징과 위트가 더 강조되기도 합니다. 그 과정은 인형을 만드는 엄마가 힐링되는 시간이기도 하지요.

아이의 소중한 어린 시절을 오래오래 간직할 수 있도록 인형을 만들어보세요. 그림을 고르고 한 땀 한 땀 정성 가득 바느질하는 인형 만들기를 통해 아이와 많은 이야기를 나누고 새로운 추억을 쌓게 되기를 바랍니다.

2015년 여름날 백선애

Contents

DETAILS

OBJECT

Basic tools

인형을 만드는 기본 도구들

1 시침핀과 바늘꽂이 원단과 원단이 서로 분리되지 않도록 고정시키는 역할을 한다. 시침핀이나 바늘은 바늘꽂이에 꽂아 보관하면 안전하다. **2 보들이 털실(인형 머리카락용)** 실에 뽀글뽀글 매듭이 올라온 것처럼 보이는 실. 머리카락이나 털을 표현하기에 좋다. **3 자수용 색실** 스티치를 하거나 돋보이는 색으로 단추를 달 때, 기타 장식에 사용한다. **4 딱풀** 아플리케 원단을 원하는 모양으로 만들 때 사용한다. **5 재단 가위** 원단을 자르는 데 쓰는 가위. 원단용 가위로 종이나 기타 딱딱한 물건을 자르지 않도록 주의한다. **6 공예용 겸자** 바느질한 원단 안에 솜을 넣거나 창구멍으로 원단을 뒤집을 때 사용하면 편리하다. **7 수틀** 수를 놓을 때 원단을 팽팽하게 잡아준다. 수를 놓고자 하는 곳에 맞춰 사용한다. **8 면실** 인형을 만들기 위한 기본 원단 바느질에 쓰인다. 보통 원단 색깔에 맞춰 사용하고, 색실은 단추를 달거나 장식할 때도 쓰인다. **9 특수원단** 비닐 소재나 반짝이가 붙은 독특한 원단. 인형의 특징을 살려 포인트를 주기에 유용하다. **10 원단 전용 염색펜** 원단이나 옷 위에 그림을 그릴 수 있는 특수 펜. 그림을 그린 후 완전히 말리고 나면 세탁 가능한 상태로 염색된다.

아이 그림으로 인형을 만들 때 필요한 기본 도구입니다. 가지고 있던 조각 원단이나 안 입는 옷 등을 활용하면 좋아요. 꼭 필요한 원단은 원단시장에서 구입하거나, 다양한 온라인쇼핑몰에서 찾을 수 있어요. 손뜨개를 활용한 인형도 함께 만들어보세요.

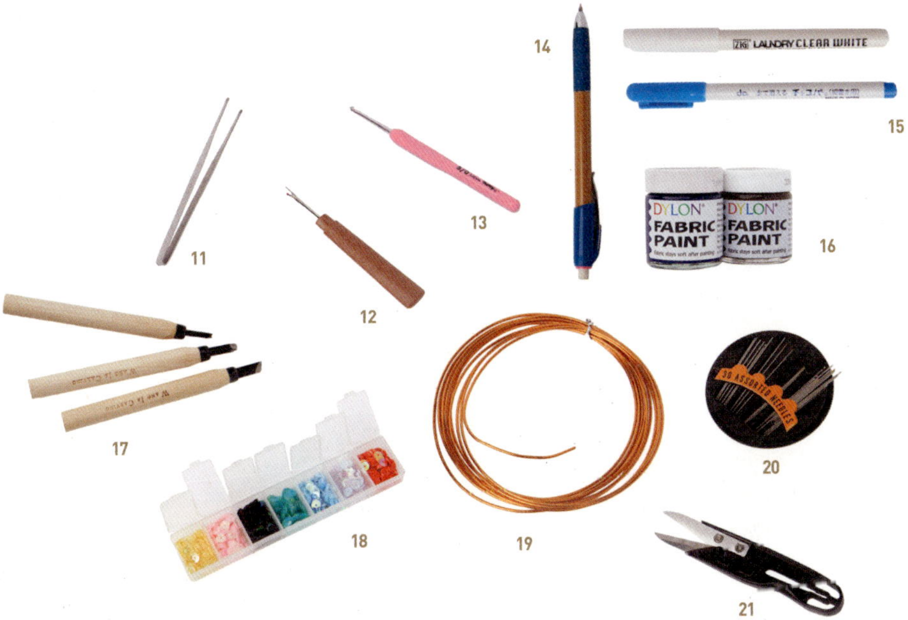

11 핀셋 좁은 공간에 솜을 넣거나 비즈와 같이 매우 작은 재료를 집을 때 사용한다. **12 실뜯개** 바느질한 실을 뜯어낼 때 사용한다. 실을 끊어 짧게 톡톡 뽑아내면 되니 원단이 상하지 않도록 도와준다. **13 코바늘** 면사나 가는 털실로 코바늘뜨기를 할 때 사용하는 갈고리 모양의 바늘. **14 샤프형 초크** 샤프 형태로 눌러가며 사용하는 초크. 어두운색에 표시할 수 있어 섬세한 밑그림을 표현하기에 좋다. **15 스케치펜** 수성펜은 바느질 후 물을 묻혀 밑그림을 쉽게 지울 수 있어 편리하다. 흰색과 하늘색이 있다. **16 원단 전용 염색물감** 원단 전용 염색펜과 마찬가지로, 원단이나 옷에 그림을 그릴 때 쓴다. **17 조각도** 도자기에 밑그림을 따라 조각할 때 필요하다. 뾰족한 각이 있는 것, 둥근 것, 면을 자르는 것 등으로 구성되어 있다. **18 장식용 비즈, 스팽글** 인형 옷이나 헤어액세서리, 귀고리, 반지 등에 활용한다. **19 공예용 철사** 원하는 모양으로 구부려 사용하거나 털실 등을 감아 사용한다. 입체적인 모양으로 고정시킬 때 유용하다. **20 바늘** 원단을 꿰맬 때 사용한다. 길이와 굵기가 다양해 실이나 원단 종류에 따라 선택한다. **21 쪽가위** 바느질한 실 끝을 끊거나 부분 원단이나 리본 등을 자를 때 사용한다.

아이 그림으로 기본 인형 만들기

아이가 그린 그림과 똑같은 인형을 만드는 기본적인 방법을 소개합니다. 원단을 이용한 헝겊인형이에요. 인형을 원하는 크기로 복사해서 본을 만들고 머리, 몸, 팔, 다리 등 인형의 각 부분을 바느질해 만든 다음 꿰매서 하나의 인형이 완성되는 과정만 알면 원하는 대로 만들 수 있어요.

1

2

3

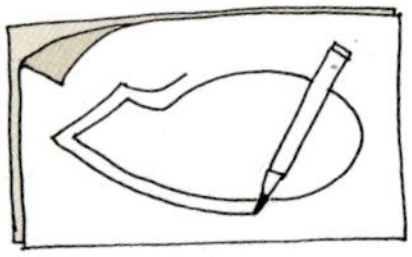

4

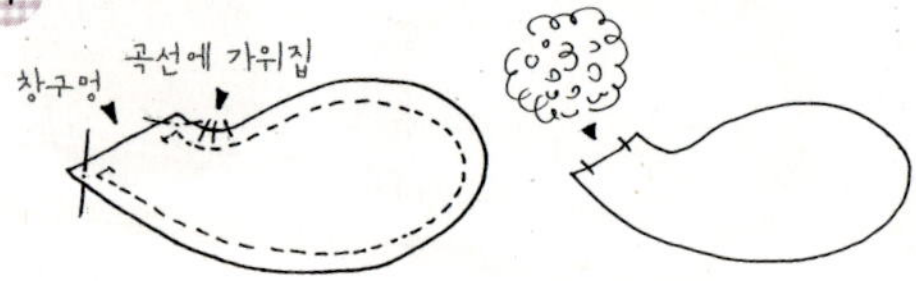

5

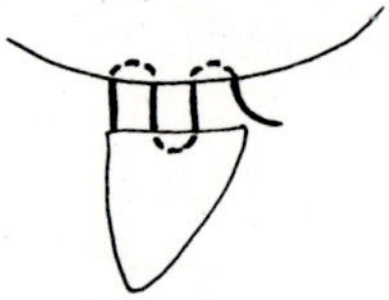

point

집에 있는 프린터를 이용해 인형을 만들려면 그림 크기를 A4용지 이내로 정하는 것이 편해요.

1 아이가 그린 그림을 원하는 크기로 복사한다.

2 복사한 그림을 부분으로 나누어 자른다.

3 원단을 겉끼리 마주보도록 겹쳐놓고 뒷면에 ②의 종이본을 올린 다음 3mm 정도 크게 바느질선을 그린다.

실제 그림보다 여유 있게 선을 그리는 이유는 솜을 넣고 바느질을 하면 입체적인 모양이 되면서 실제 그림 크기보다 줄어들기 때문이에요!

4 창구멍을 제외하고 바느질선을 따라 촘촘하게 홈질한 뒤 시접 5~7mm의 여유를 두고 재단한다. 곡선 부분에는 그림과 같이 가위집을 넣는다. 창구멍으로 원단을 뒤집은 다음 방울솜을 넉넉하게 넣고 창구멍은 공그르기로 마무리한다.

5 ②~④의 방법으로 만든 각 부분을 공그르기로 연결해 인형을 완성한다.

아플리케 쉽게 따라하기

인형 옷을 꾸미거나 머리카락, 눈 · 코 · 입 등을 만들 때, 또 배경 위에 꽃과 나비 등을 넣을 때 원단을 오려 바느질로 붙이는 것을 '아플리케'라고 합니다. 아플리케를 간단하게 하는 방법을 알아두세요.

1

2

3

4

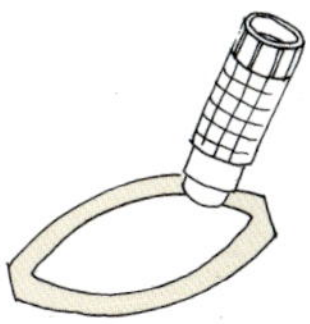

5

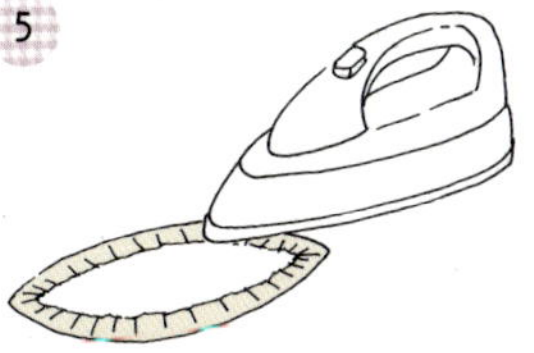

준비물 조각 원단, 마분지, 먹지, 딱풀, 다리미

1 마분지 위에 먹지를 놓고 그림을 올린 다음 선을 따라 그려 마분지에 밑그림을 그린다.

2 그림을 따라 마분지를 부분부분 오린다.

3 원단 뒷면에 ②의 그림 조각(마분지)을 뒤집어서 올려놓고 그림보다 5mm 크게 재단한다. 꽃과 같이 곡선 또는 모서리가 있는 부분에는 가위집을 넣고, 잎이나 줄기처럼 각이 진 곳은 모서리를 잘라준다.

4 원단에 올려놓은 마분지 가장자리에 딱풀을 바른다.

5 원단 가장자리를 안으로 접어 딱풀이 묻은 마분지를 꼼꼼히 감싸 형태를 잡는다. 약한 온도로 다림질해 고정시킨 다음 마분지가 붙어버리기 전에 재빨리 빼낸다.

딱풀을 너무 많이 바르거나 다림질 후 시간이 오래 지나면 마분지가 쉽게 떨어지지 않으므로 주의하세요.

원단 또는 옷에 전사지로 이미지 넣기

옷에 직접 그림을 그린 것은 아닌데 실제 그림 그대로 프린트되어 있는 것 본 적 있지요? 이게 바로 '전사지'를 이용한 거예요. 전사지와 다리미만 있으면 간단하게 만들 수 있어요.

준비물 원단 또는 옷, 전사지, 다리미

• 이미지 프린트의 기본 과정

이미지 편집 → 전사지에 이미지 출력 → 이미지 오리기 → 옷 위에 전사지를 놓고 다리기 → 충분히 식힌 뒤 전사지 떼어 내기

• 밝은색 원단/옷에 프린트할 때

출력하기 전에 준비할 것

- 이미지와 문자는 프린터 옵션에서 반드시 '반전 이미지', '대칭 이미지'를 선택해 이미지가 반대로 출력될 수 있도록 한다.
- 인쇄 품질은 고품질로!

1 밝은색 전용 전사지를 구입하여 출력한다. 전사지에 프린트한 이미지 사방에 여백 5mm를 남기고 오린다. 전사프린트 했을 때 여백 부분은 투명하게 나오므로 염려하지 않아도 된다.

2 다리미를 스팀 없이 약 160℃로 예열한다.

스팀 기능으로 되어 있지는 않은지 꼭 확인하세요. 스팀이 나오면 안돼요!

3 딱딱한 테이블에 주름 없는 원단 또는 옷을 올려놓는다.

전사프린트 하려는 원단이나 옷에 주름이 있으면 안돼요!

4 원단 또는 옷 위에 오려낸 전사지를 뒤집어서 놓고 90~120초 정도 꼼꼼하게 눌러 다림질한다.

5 충분히 식힌 뒤 용지 뒷면(바둑판)을 제거한다.

1

4

5

• 어두운색 원단/옷에 프린트할 때

출력하기 전에 준비할 것

- 이미지 또는 문자를 반전 없이 그대로 출력한다.
- 용지는 고급용지, 인쇄 품질은 고품질로!

1 어두운색 전용 전사지를 구입하여 출력한다. 전사지에 프린트한 이미지를 오린다. 어두운색 전용 전사지에는 기본적으로 흰색이 바탕에 깔려 있으므로 이를 테두리로 활용하고 싶다면 이미지보다 여유 있게 오리면 된다.

2 다리미를 스팀 없이 약 160℃로 예열한다.

스팀 기능으로 되어 있지는 않은지 꼭 확인하세요. 스팀이 나오면 안 돼요!

3 딱딱한 테이블에 주름 없는 원단 또는 옷을 올려놓는다.

4 전사지의 뒷면(바둑판)을 떼어낸 뒤 인쇄면이 보이도록 하여 그대로 원단 또는 옷 위에 올려놓는다.

5 용지 내에 포함되어 있는 노란색 종이를 그림 위에 덮어 60~90초 정도 꼼꼼하게 눌러 다림질한 다음 충분히 식힌다.

4

5

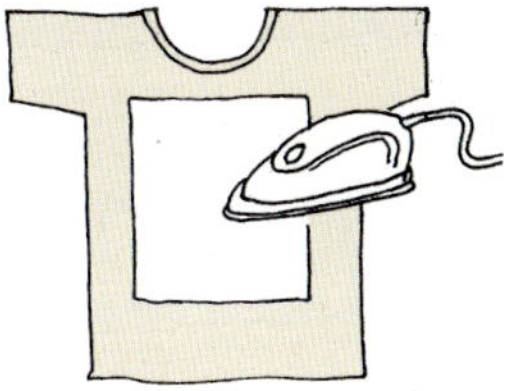

초벌도자기에 전사프린트하기

아이가 그린 그림을 도자기에 그대로 프린트하고 싶을 때는 어떻게 해야 할까요? 도자기에도 전사지를 이용하면 돼요. 도자기는 초벌구이 된 것을 구입해서 쓰면 편해요. 아래의 설명을 잘 읽고 예쁜 도자기를 만들어보세요.

1 전사지 원고작업

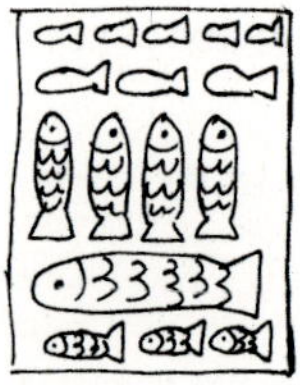

- 크기 : B4용지 사이즈(240×360mm)
- 최소 제작 가능 매수 : 5장
- 파일 형태 : AI와 JPG 파일 모두 가능하지만, AI 파일이 더 깔끔하게 인쇄된다.
- 이미지를 반드시 반전시킬 것! 

2 전사지 제작 의뢰

전사지는 하회전사와 상회전사 전용으로 나뉘며, 제작 의뢰 시 용도에 따른 전사 방법을 정확히 요구한다.

	하회전사	상회전사
개념	• 초벌도자기용(도자기 재료상에서 구입) • 전사작업 후 1250℃에서 소성작업	• 재벌도자기용(일반 무지 그릇 구입) • 전사작업 후 600℃에서 소성작업
장점	• 색감에 깊은 맛이 있다. • 중금속이 전혀 용출되지 않는다.	• 원색 그대로 표현된다. • 색상이 다양하다. • 선명하고 섬세한 표현이 가능하다.
단점	• 색상이 다양하지 않다.	• 비용이 많이 든다.
용도	• 내열성 또는 내마모성을 요하는 그릇에 쓰인다.	• 그릇, 인테리어(건축외장) 등에 쓰인다.

3 초벌도자기 구입하기

도자기 재료 판매 사이트에서 다양한 디자인의 초벌도자기를 구입할 수 있다. 초벌도자기는 소성작업 후 크기가 작아지므로 감안해서 주문한다.

4 초벌도자기에 전사작업

1 전사지를 여유 있게 오려낸다.
2 도료가 묻어 있는 쪽을 초벌도자기에 손으로 고정시키고 물 묻은 스펀지로 고루 두들겨가며 물을 묻힌다.
3 전사지를 떼어낸다.

1
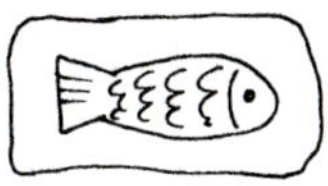

2

3

5 투명유(유약) 입히기

전사작업이 끝난 초벌도자기에 유약을 입힌 다음 도자기 아래쪽 굽 부분(밥공기, 컵 등의 아래쪽)의 유약을 스펀지로 닦아낸다.

6 소성작업

그림이 그려진 도자기를 1250℃에서 구워낸다.

여러 가지 자수 표현

인형이나 소품에 자수를 놓아 예쁘게 꾸밀 수 있어요. 아래 그림들을 보면서 하나씩 따라해보세요. 이름과 모양을 함께 익혀두고 원하는 스티치를 마음껏 활용하세요.

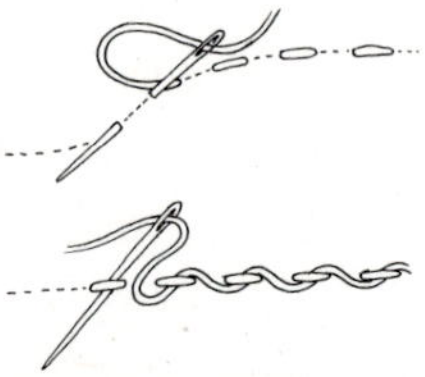

Whipped Running Stitch
러닝스티치(홈질)와 변형

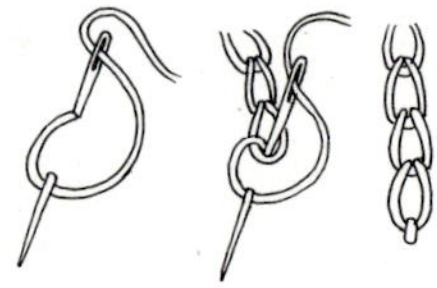

Chain Stitch 체인스티치

Stem Stitch 스템스티치

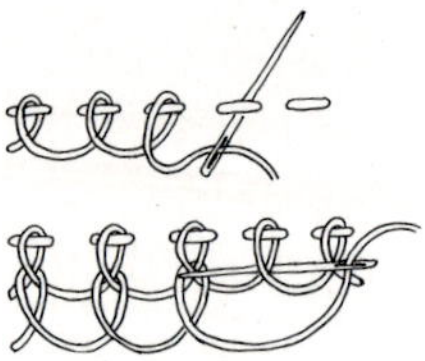

Ceylon Stitch 실론스티치

Lazy daisy Stitch
레이지데이지스티치

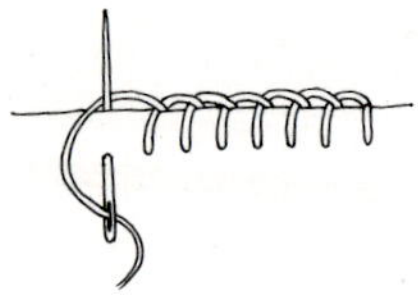

Buttonhole Stitch 버튼홀스티치

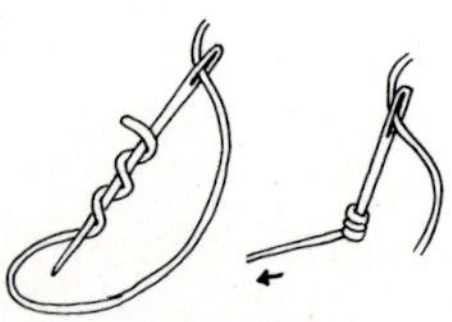

French Knot Stitch 프렌치너트스티치

바늘에 실을 세 번 감아 시작해요. 시작점에 바늘을 수직으로 꽂고 실을 팽팽하게 당겨 준 채로 바늘을 빼야 해요.

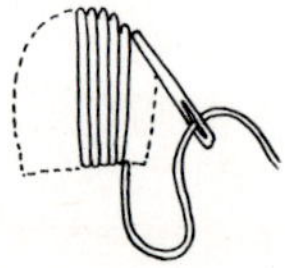

Satin Stitch 새틴스티치

실 굵기만큼의 간격으로 촘촘히 채워요. 꽃잎의 경우 안쪽에서 바깥쪽으로 수를 놓으면 꽃의 외곽 형태가 더 자연스러워요.

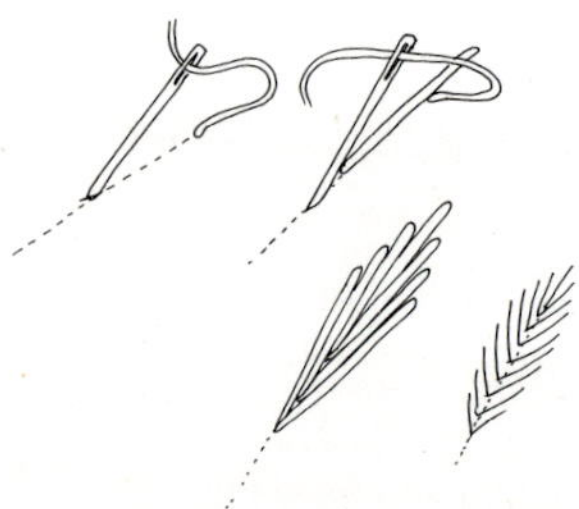

새틴스티치로 잎 수놓기

잎의 중심선을 그린 다음 잎의 바깥쪽 뾰족한 부분부터 길게 시작하세요. 잎 면적을 실로 꼼꼼하게 채워야 예뻐요.

코바늘뜨기의 기본 도안

원단을 자르고 바느질해 만드는 것 외에 코바늘뜨기를 이용해 인형을 만들 수도 있어요. 코바늘뜨기는 한 번만 익혀두면 어디에서나 간편하게 작업할 수 있고 시간도 오래 걸리지 않는 뜨개질이에요. 특히 코를 자유자재로 늘이고 줄이며 원하는 모양을 만들 수 있지요.

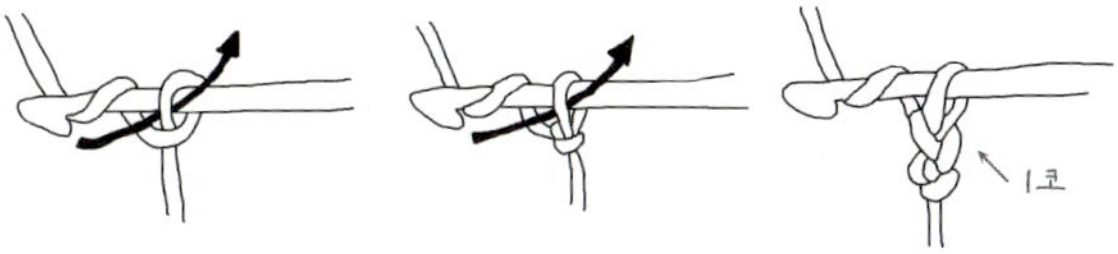

사슬뜨기
기호 : ○

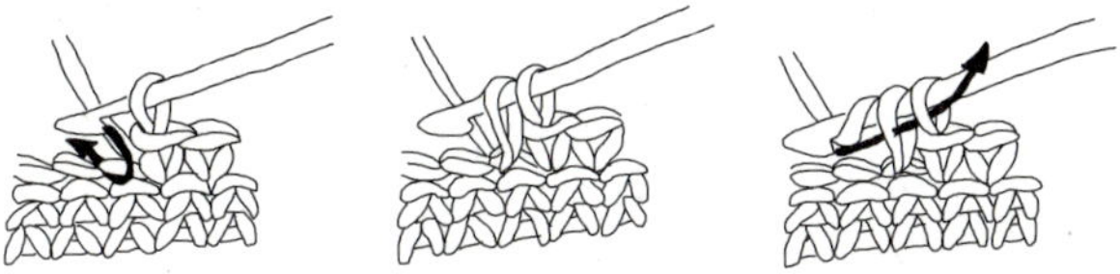

짧은뜨기
기호 : ×

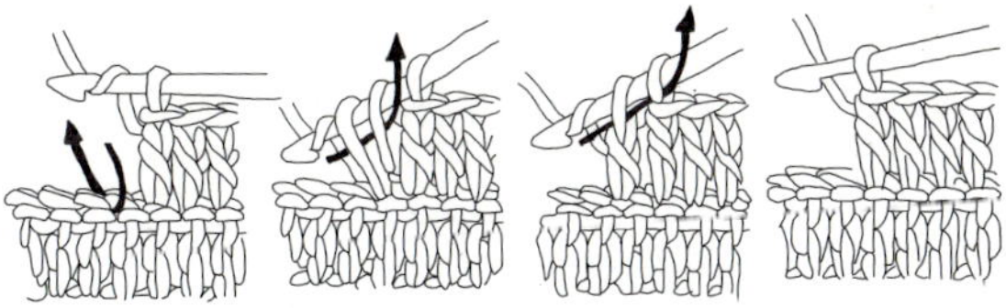

한길긴뜨기
기호 : Ŧ

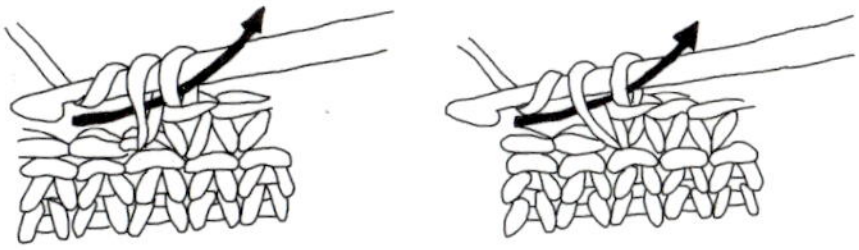

코늘이기
기호 : V

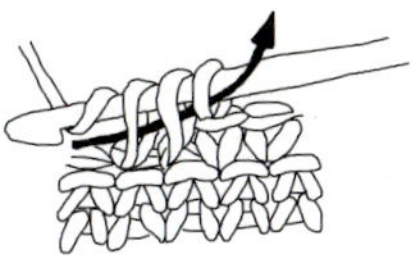

코줄이기
기호 : Λ

아이 그림을 인형으로 만드는 가장 기본적인 방법을 소개합니다.
전체가 하나의 큰 조각인 고래 인형부터 간단한 모양의 부분 조각을 연결해 만든 아빠 인형까지. 엄마의 첫 번째 인형 만들기를 시작해보세요.

SIMPLE

아기 고래

스케치북 한쪽에서 아이가 연필로 그린 작은 고래 한 마리를 발견했어요. TV에서 본 아기 고래를 그린 거래요. 무심하게 그려놓은 그림인데 엄마 눈에는 쏙 들어왔어요. 오래 간직하고 싶어 인형으로 만들어봤답니다.

크기 A4용지에 여백을 조금 남기고 가득 차게 복사한다

준비물 면 원단(회색 또는 하늘색), 단추 1쌍, 색실, 스케치펜, 방울솜, 실, 바늘

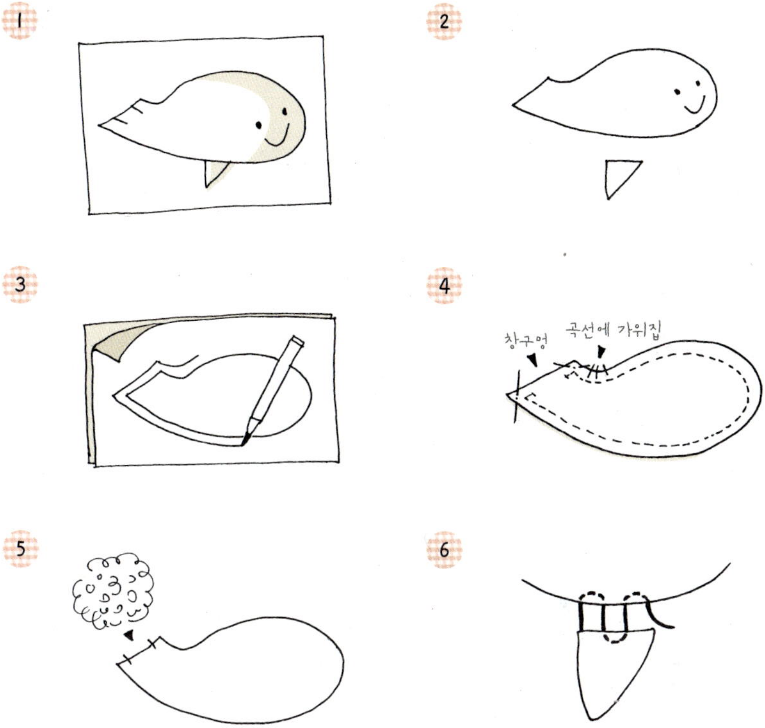

1 아이가 그린 그림을 원하는 크기로 복사한다.

2 복사한 그림을 부분으로 나누어 자른다.

3 몸통과 지느러미가 될 원단을 겉끼리 마주보도록 겹쳐놓는다. 뒷면에 ②의 종이본을 각각 올린 다음 3mm 정도 크게 밑그림(바느질선)을 그린다.

3mm 크게 밑그림을 그리는 이유는 솜을 넣고 나면 부피 때문에 인형 사이즈가 그림보다 작아지기 때문이에요!

4 창구멍을 제외하고 바느질선을 따라 촘촘하게 홈질한 뒤 시접 5mm의 여유를 두고 재단한다. 곡선 부분에는 가위집을 넣고 모서리 부분은 그림처럼 잘라낸다.

5 창구멍으로 뒤집고 방울솜을 넣은 다음 공그르기로 마무리한다.

6 지느러미를 몸통에 공그르기로 연결한다.

7 눈 위치에 단추를 달고 입은 색실로 체인스티치(chain stitch, p.14 참고)한다. 꼬리지느러미에는 러닝스티치의 변형(whipped running stitch, p.14 참고)으로 모양낸다.

호기심쟁이 얼룩말

꼬리를 한껏 치켜들고 기분 좋게 행진하는 얼룩말이에요. 이것저것 궁금한 게 많은 아이지요. 스트라이프 무늬가 멋져 평소 좋아하는 동물이지요. 꼬리를 털실로 리얼하게 표현해보세요.

크기 A4용지에 여백을 조금 남기고 가득 차게 복사한다

준비물 광목, 단추 1개, 털실(검정색), 공예용 철사, 글루건 또는 공예용 본드, 스케치펜, 원단용 염색펜, 방울솜, 실, 바늘

1

2
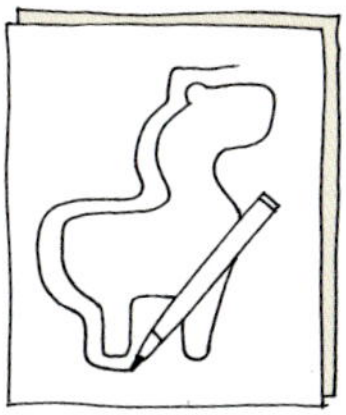

3
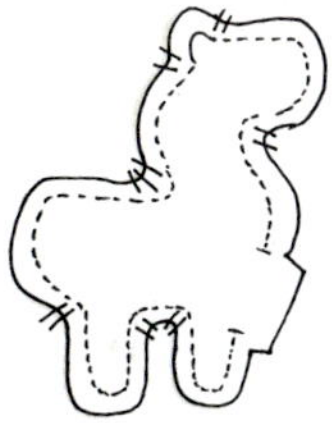

4

5
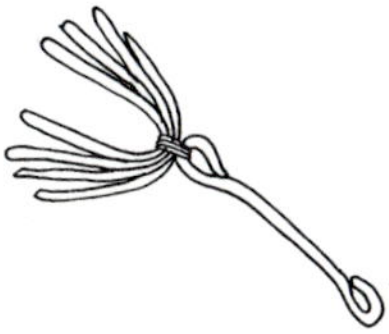

6
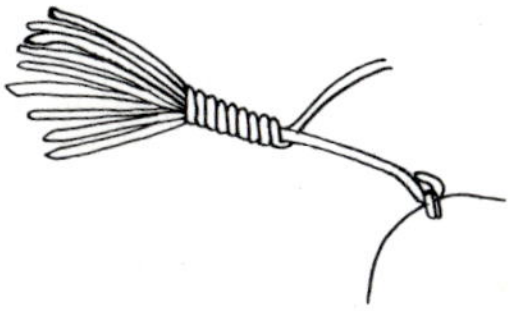

1 아이가 그린 그림을 원하는 크기로 복사해 자른다.

2 몸통이 될 원단을 겉끼리 마주보도록 겹쳐놓는다. 뒷면에 ①의 종이본을 각각 올린 다음 3mm 정도 크게 밑그림(바느질선)을 그린다.

3 창구멍을 제외하고 바느질선을 따라 촘촘하게 홈질한 뒤 시접 5mm의 여유를 두고 재단한다. 곡선 부분에는 가위집을 넣는다.

4 창구멍으로 뒤집고 방울솜을 넣은 다음 공그르기로 마무리한다.

5 공예용 철사를 꼬리 길이보다 길게 잘라 양쪽에 그림처럼 고리를 만든다. 털실을 적당한 길이로 잘라 여러 겹 겹친 다음 한쪽 고리에 고정시킨다.

6 털실로 철사를 촘촘히 감아 중간 중간 글루건으로 고정시킨다.

7 원단용 염색펜으로 얼룩무늬를 그려 넣는다.

귀 짧은 토끼

다양한 원단을 활용해 알록달록하게 만들어요. 직접 염색한 원단을 사용해도 재미있어요. 아이가 그린 그림을 있는 그대로 표현하는 것이 중요합니다.

크기 A4용지에 여백을 조금 남기고 가득 차게 복사한다

준비물 면 원단(분홍, 빨강, 초록), 염색한 원단, 스케치펜, 방울솜, 실, 바늘

1

2

3

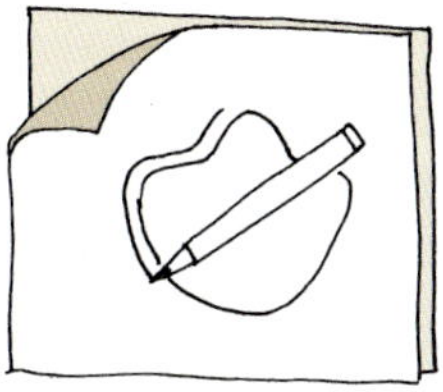

4

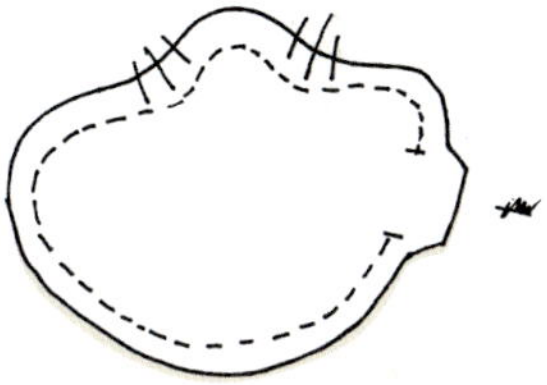

5

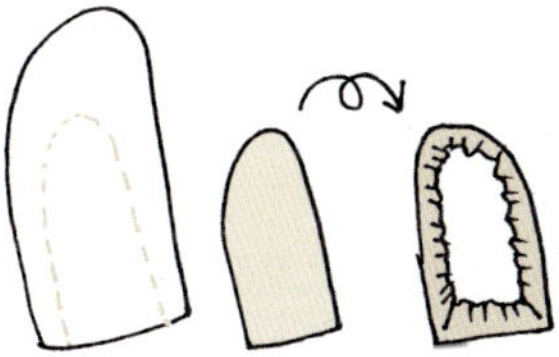

point

아이가 그린 그림을 입체적인 인형으로 만들 때 가장 기본적인 방법입니다. 얼굴과 몸을 크게 분류해 재단한 다음 각각 솜을 넣고 마지막에 공그르기 바느질법으로 부분 부분을 연결하세요.

1 아이가 그린 그림을 원하는 크기로 복사한다.

2 복사한 그림을 부분으로 나누어 자른다.

3 원단을 겉끼리 마주보도록 겹쳐놓고 뒷면에 ②의 종이본을 올린 다음 3mm 정도 크게 바느질선을 그린다. *실제 그림보다 여유 있게 선을 그리는 이유는 솜을 넣고 바느질을 하면 입체적인 모양이 되면서 실제 그림 크기보다 줄어들기 때문이에요!*

4 창구멍을 제외하고 바느질선을 따라 촘촘하게 홈질한 뒤 시접 5~7mm의 여유를 두고 재단한다. 곡선 부분에는 그림과 같이 가위집을 넣는다. 창구멍으로 원단을 뒤집은 다음 방울솜을 넉넉하게 넣고 창구멍은 공그르기로 마무리한다.

5 토끼 귀에는 그림처럼 작은 원단 조각을 덧대 아플리케(p.9 참고)한다.

6 ②~⑤의 방법으로 만든 각 부분을 공그르기로 연결해 인형을 완성한다.

아빠와 나

아빠와 나 모두 몸통 없이 얼굴은 크고 팔다리는 짧게 만든 것이 재미있어요. 철사에 색실을 감아 꼬불꼬불한 머리카락을 표현했습니다. 아이 그림에서 헤어스타일의 특색을 잡아 인형의 포인트로 활용하면 재미있어요.

뽀글머리 아빠

크기 A4용지에 여백을 조금 남기고 가득 차게 복사한다

준비물 면 원단(흰색, 회색), 공예용 철사, 글루건 또는 공예용 본드, 색실 또는 털실, 스케치펜, 원단용 염색펜, 방울솜, 실, 바늘

1 아이가 그린 그림을 원하는 크기로 복사한다.

2 복사한 그림을 부분으로 나누어 자른다.

3 얼굴과 팔다리가 될 원단을 각각 2장씩 겉끼리 마주보도록 겹쳐놓는다. 뒷면에 ②의 종이본을 각각 올린 다음 3mm 정도 크게 밑그림(바느질선)을 그린다.

4 창구멍을 제외하고 바느질선을 따라 촘촘하게 홈질한 뒤 시접 5mm의 여유를 두고 재단한다.

5 창구멍으로 뒤집고 방울솜을 넣은 다음 공그르기로 마무리한다.

6 각 부분을 같은 방법으로 만든 다음 공그르기로 연결한다.

7 공예용 철사 한쪽 끝을 고리처럼 만들어 머리 한쪽 끝에 바느질로 고정시킨다. 고리를 펜치로 눌러 고정시킨다.

8 색실 또는 털실로 철사를 촘촘하게 감는다. 중간 중간 글루건으로 고정시켜가며 철사 끝까지 감는다.

9 철사를 구불구불 구부려 머리카락 모양을 내고 실로 고정시킨다. 눈, 코, 입은 패브릭 전용 염색펜으로 그린다.

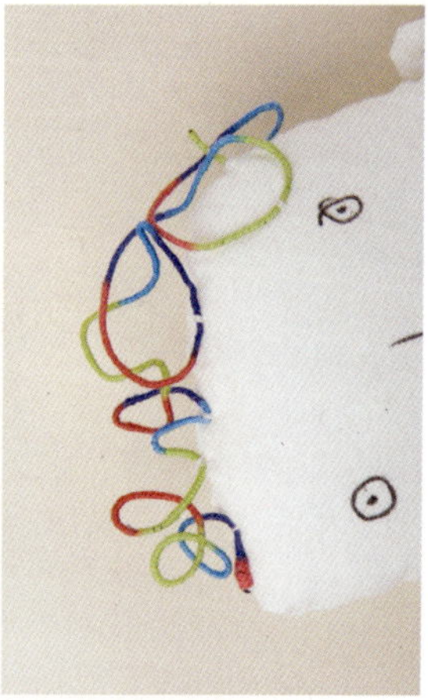

앞머리 자른 나

크기 A4용지에 여백을 조금 남기고 가득 차게 복사한다
준비물 면 원단(흰색, 연갈색), 색실, 스케치펜, 원단용 염색펜, 방울솜, 실, 바늘

1 아이가 그린 그림을 원하는 크기로 복사한다.
2 복사한 그림을 부분으로 나누어 자른다.
3 얼굴과 팔다리가 될 원단을 각각 2장씩 겉끼리 마주보도록 겹쳐놓는다. 뒷면에 ②의 종이본을 각각 올린 다음 3mm 정도 크게 밑그림(바느질선)을 그린다.
4 창구멍을 제외하고 바느질선을 따라 촘촘하게 홈질한 뒤 시접 5mm의 여유를 두고 재단한다.
5 창구멍으로 뒤집고 방울솜을 넣은 다음 공그르기로 마무리한다. 팔다리도 같은 방법으로 만든다.
6 머리카락이 될 연갈색 천을 반달모양으로 자른다. 아랫단을 뒤로 접은 다음 얼굴 앞면에 위치를 잡아 공그르기로 붙인다.
7 팔다리를 공그르기로 이어 붙인다.
8 색실로 스티치(stem stitch, p.14 참고)해 머리카락을 표현하고 눈, 코, 입은 패브릭 전용 염색 펜으로 그린다.

수줍음 많은 경민이

친구를 그렸는데 귀여워서 보기만 해도 웃음이 나더라고요. 왠지 수줍음 잘 타는 성격도 보이는 것 같고. 앞머리를 진분홍색 털실로 붙여봤어요. 더 사랑스럽지 않나요?

크기 A4용지에 여백을 조금 남기고 가득 차게 복사한다

준비물 광목, 면 원단(연두색), 털실(진분홍색), 스케치펜, 원단용 염색펜, 방울솜, 실, 바늘

1

2

3

4

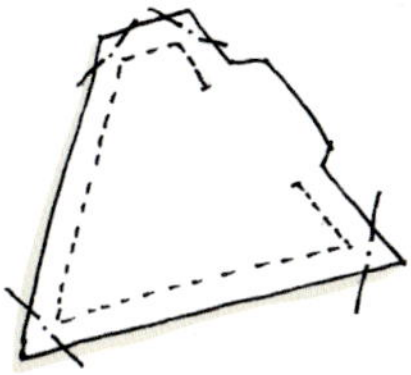

5

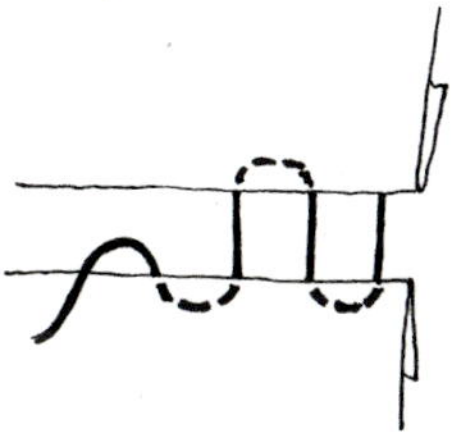

6

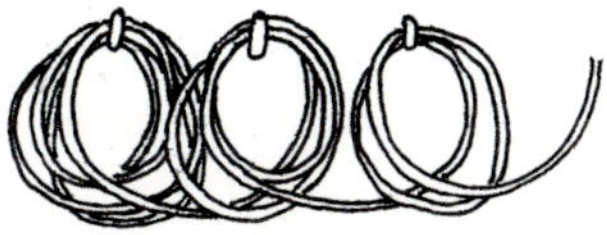

1 아이가 그린 그림을 원하는 크기로 복사한다.

2 복사한 그림을 부분으로 나누어 자른다.

3 얼굴과 몸통, 다리가 될 원단을 각각 2장씩 겉끼리 마주보도록 겹쳐놓는다. 뒷면에 ②의 종이본을 각각 올린 다음 3mm 정도 크게 밑그림(바느질선)을 그린다.

4 각 부분은 창구멍을 제외하고 바느질선을 따라 촘촘하게 홈질한 뒤 시접 5mm의 여유를 두고 재단한다. 모서리는 그림처럼 잘라낸다. 창구멍으로 뒤집고 방울솜을 넣은 다음 공그르기로 마무리한다.

5 완성된 얼굴, 몸통, 다리를 공그르기로 연결한다.

6 털실 시작 부분에 매듭을 지어 이마 한쪽에 고정시킨 다음 털실을 손가락에 여러 번 감아 돌려가며 볼륨 있는 앞머리를 만들어 실로 고정시킨다. 눈과 입을 원단용 염색펜으로 그려 넣어 완성한다.

털실 색깔은 원하는 것으로 바꿔도 좋아요. 털실을 고정시킬 때는 털실과 같은 색깔 실을 사용하면 깔끔해요.

기분 좋은 경민이

바로 앞 페이지와 똑같은 친구를 그렸는데 그때마다 이렇게 다른 모습이 완성됐어요. 친구의 기분에 따라, 헤어스타일이나 옷차림에 따라 달라지지요. 아이 눈에 비친 친구 모습을 인형으로 만들어 선물하면 오래도록 기억에 남을 거예요.

크기 가로 A4용지에 여백을 조금 남기고 가득 차게 복사한다

준비물 광목, 면 원단(꽃무늬), 털실(진갈색), 스케치펜, 원단용 염색펜, 방울솜, 실, 바늘

1 아이가 그린 그림을 원하는 크기로 복사한다.

2 복사한 그림을 부분으로 나누어 자른다.

3 얼굴과 몸이 될 원단을 각각 2장씩 겉끼리 마주보도록 겹쳐놓는다. 뒷면에 ②의 종이본을 각각 올린 다음 3mm 정도 크게 밑그림(바느질선)을 그린다.

4 각 부분은 창구멍을 제외하고 바느질선을 따라 촘촘하게 홈질한 뒤 시접 5mm의 여유를 두고 재단한다. 곡선 부분에 가위집을 넣고 모서리는 그림처럼 잘라낸다.

5 창구멍으로 뒤집고 방울솜을 넣은 다음 공그르기로 마무리한다. 완성된 얼굴과 몸통을 공그르기로 연결한다.

6 털실 시작 부분에 매듭을 지어 이마 한쪽에 고정시킨 다음 털실을 빙글빙글 돌려가며 볼륨 있는 앞머리를 만들어 반대쪽에 고정시킨다. 중간 중간 실로 꿰매 고정시킨다.

털실 색깔은 원하는 것으로 바꿔도 좋아요. 털실을 고정시킬 때는 털실과 같은 색깔 실을 사용하면 깔끔해요.

7 눈과 입을 원단용 염색펜으로 그려 넣어 완성한다.

1

2

3

4

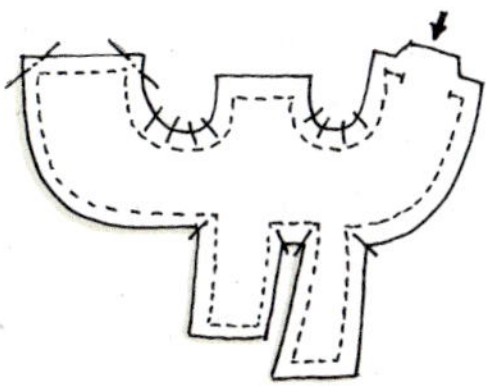

6

이상한 나라의 얼룩소

어른들은 그릴 수 없는, 아이의 상상력이 더해진 그림이라 참 좋아하는 작품이에요. 가까이 가서 쓰다듬어주고 싶어요. 인형으로 만들어도 좋고, 조금 큰 사이즈로 만들어 미니쿠션으로 사용해도 괜찮아요.

크기 A4용지에 여백을 조금 남기고 가득 차게 복사한다

준비물 무지 원단(흰색), 뒷면용 면 원단(무늬 있는 것), 스케치펜, 원단용 염색펜(여러 가지 색), 방울솜, 실, 바늘

2

3

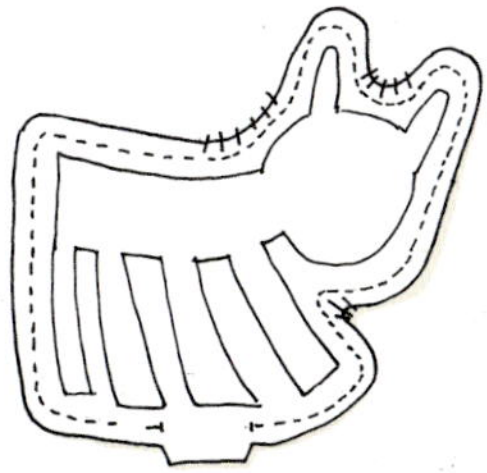

4

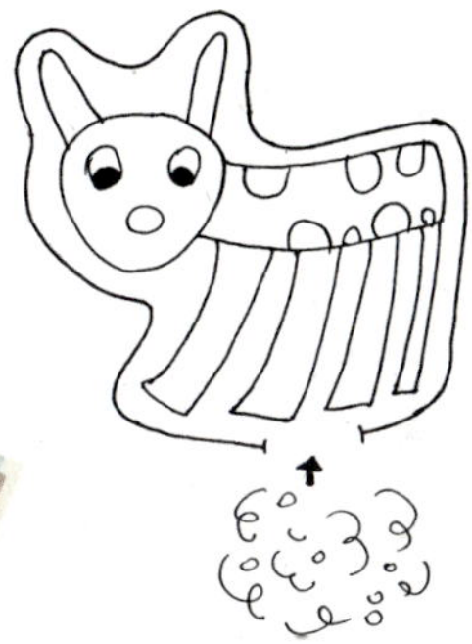

1 아이그림을 포토샵 프로그램에서 정리한 뒤(컬러, 해상도 등) 무지 원단에 디지털프린팅을 한다. (p.121 참고)

2 뒷면용 무늬 원단을 ①과 같은 크기로 준비해 겉끼리 마주보도록 겹쳐놓는다.

3 그림보다 약 10mm 정도 크게 바느질선을 그려 창구멍을 제외하고 촘촘하게 홈질한다. 곡선 부분에 가위집을 넣은 다음 시접 5mm를 남기고 자른다.

4 창구멍으로 뒤집고 방울솜을 넣은 다음 공그르기로 마무리한다.

꿈에 나온 공룡

어제 밤 꿈에 나타난 공룡을 그렸대요. 며칠 공룡이 나오는 책을 보더니 아마 공룡이 꿈속까지 따라왔나 봐요. 단순한 그림이지만 무늬가 있는 원단을 이용해 훨씬 생동감 있는 공룡 인형이 되었어요.

크기 A4용지에 여백을 조금 남기고 가득 차게 복사한다

준비물 면 원단(무늬 있는 것), 크기가 다른 단추 2개, 스케치펜, 방울솜, 실, 바늘

1

3

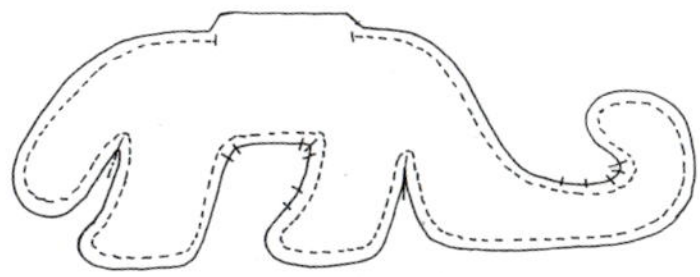

4

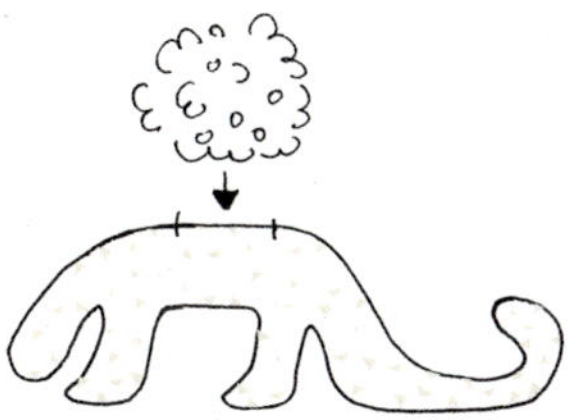

1 아이가 그린 그림을 원하는 크기로 복사한다.

2 원단 2장을 겉끼리 마주보도록 겹쳐놓는다. 뒷면에 ①의 종이본을 올린 다음 3mm 정도 크게 밑그림(바느질선)을 그린다.

3 창구멍을 제외하고 바느질선을 따라 촘촘하게 홈질한 뒤 시접 5mm의 여유를 두고 재단한다. 곡선 부분에는 그림처럼 가위집을 넣는다.

4 창구멍으로 뒤집고 방울솜을 넣은 다음 공그르기로 마무리한다. 크기가 다른 단추 2개를 겹쳐 달아 눈까지 완성한다.

눈사람 올라프

명랑한 수다쟁이 올라프예요. 애니메이션 '겨울왕국'을 보며 제일 사랑했던 캐릭터이지요. 조각조각 남아 있는 펠트나 원단, 단추 등을 이용해 귀여운 눈사람을 만들었어요.

크기 A4용지에 여백을 조금 남기고 가득 차게 복사한다

준비물 폴라폴리스 원단(흰색), 펠트(검정 · 주황 · 갈색), 폼폼(흰색) 2개, 공예용 철사, 단추 3개, 색실(검정색), 스케치펜, 방울솜, 실, 바늘

1

2

3

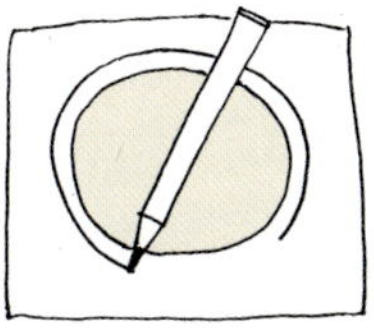

4

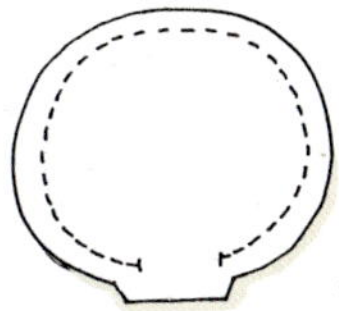

5

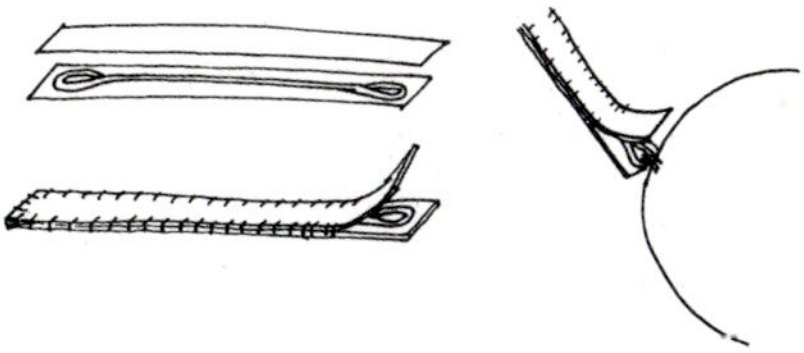

1 아이가 그린 그림을 원하는 크기로 복사한다.

2 복사한 그림을 둥근 몸통 3개로 나누어 자른다. 눈, 코, 양팔도 오린다.

3 폴라폴리스 원단 2장을 겉끼리 마주보도록 겹쳐놓는다. 뒷면에 ②의 종이본을 각각 올린 다음 3mm 정도 크게 밑그림(바느질선)을 그린다.

4 창구멍을 제외하고 바느질선을 따라 촘촘하게 홈질한 뒤 시접 5mm의 여유를 두고 재단한다. 창구멍으로 뒤집고 방울솜을 넣은 다음 공그르기로 마무리한다. 몸통을 각각 공그르기로 연결한다.

5 갈색 펠트를 길쭉하게 자른 다음 펠트 2장 사이에 그림처럼 양끝을 구부린 공예용 철사를 넣고 펠트 가장자리를 아플리케(p.9 참고) 한다. 팔 2개를 만들어 고리 한쪽 끝을 몸통 양쪽에 각각 바느질로 고정시킨 뒤 펠트 끝부분을 아플리케로 마무리한다.

6 펠트로 눈과 코를 만들어 붙이고, 입은 검정색 실로 스티치한다. 몸통에 단추를 달아 꾸미고, 발은 흰색 폼폼 2개를 실로 꿰매 완성한다.

내 친구 베이맥스

애니메이션 '빅 히어로'의 주인공, 베이맥스예요. 아들과 함께 보다가 덩치 큰 베이맥스를 하나 만들어 우리 집에 두면 좋겠다 싶어 가지고 있던 광목으로 쓱쓱 만들었어요. 지금도 소파 위에 앉아 우리를 지켜보고 있답니다.

크기 A4용지에 여백을 조금 남기고 가득 차게 복사한다
준비물 광목, 원단용 염색펜, 스케치펜, 방울솜, 실, 바늘

1

2

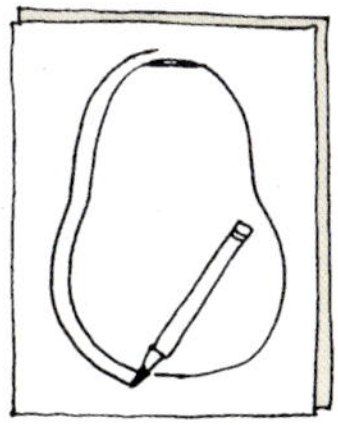

3

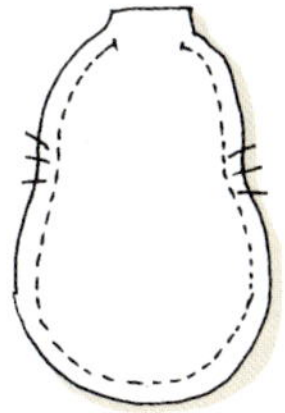

4

얼굴, 몸, 팔, 다리를 원단과 같은 색 실로 공그르기하세요.

1 캐릭터 사진을 원하는 크기로 복사한다. 복사한 그림을 부분으로 나누어 자른다.

2 광목 원단 2장을 겉끼리 마주보도록 겹쳐놓고 뒷면에 ②의 종이본을 각각 올린 다음 3mm 정도 크게 밑그림(바느질선)을 그린다.

3 창구멍을 제외하고 바느질선을 따라 촘촘하게 홈질한 뒤 시접 5mm의 여유를 두고 재단한다. 곡선 부분에는 그림처럼 가위집을 넣는다. 창구멍으로 뒤집고 방울솜을 넣은 다음 공그르기로 마무리한다.

4 몸통에 얼굴, 팔, 다리를 공그르기로 붙인다. 원단용 염색펜으로 눈을 그려 넣는다.

출근하는 아빠

아침에 출근하는 아빠를 배웅하고 그린 그림이에요. 넥타이를 매고 구두도 신었어요. 체크무늬 원단으로 머리카락을 표현해 밋밋하지 않게 만들었습니다. 아빠의 구두는 반짝반짝 비닐 원단이 제격이지요.

크기 A4용지에 여백을 조금 남기고 가득 차게 복사한다

준비물 광목, 조각 원단(체크무늬, 연두색, 파란색, 줄무늬), 비닐 원단(검정색), 원단용 염색펜, 스케치펜, 시침핀, 방울솜, 실, 바늘

1

2

3

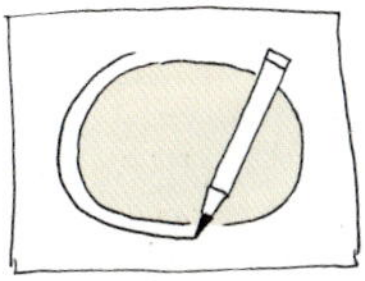

4

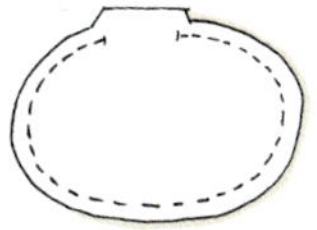

5

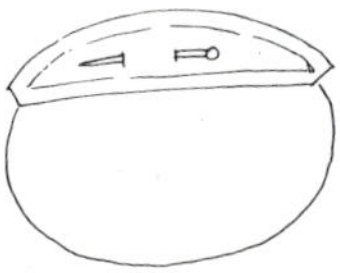

머리 부분 원단이 뒤통수까지 넘어 가도록 만들어요.

1 아이가 그린 그림을 원하는 크기로 복사한다.

2 복사한 그림을 부분으로 나누어 자른다.

3 각 부분 원단을 겉끼리 마주보도록 겹쳐놓고 뒷면에 각각 ②의 종이본을 올린 다음 3mm 정도 크게 밑그림(바느질선)을 그린다.

4 창구멍을 제외하고 바느질선을 따라 촘촘하게 홈질한 뒤 시접 5mm의 여유를 두고 재단한다. 창구멍으로 뒤집고 방울솜을 넣은 다음 공그르기로 마무리한다.

5 머리카락을 만들 체크무늬 원단을 이마 위에 시침핀으로 고정시킨 다음 조금씩 안쪽으로 접어가며 공그르기로 붙인다.

머리 뒷면까지 머리카락이 이어지도록 만들어보세요!

6 얼굴, 목, 몸통, 팔, 다리, 손, 구두 각 부분을 공그르기로 연결한다. 원단용 염색펜으로 눈, 코, 입을 그린다.

우리 가족

놀이공원에 가서 온 가족이 신 나게 놀았던 날이래요. 그림일기 속 아이 그림을 손가락인형으로 만들어 주니 역할놀이를 하며 혼자서도 재미있게 놀았어요.

크기 각각 손가락 크기 + 원하는 대로

준비물 펠트(여러 가지 색), 단추, 접착용 반짝이 비즈, 자수실, 스케치펜, 시침핀, 접착제, 방울솜, 실, 바늘

1

2

3

4

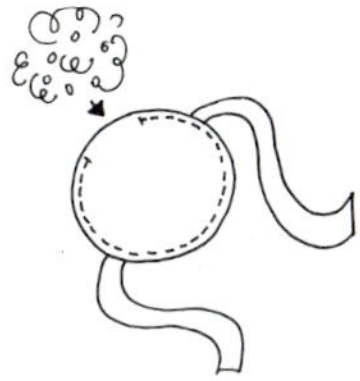

6

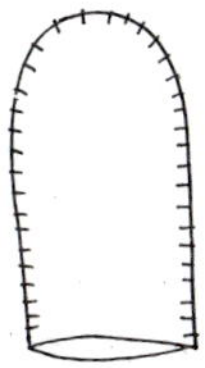

뒷면 완성 모습이에요. 손가락이 잘 들어가는지 확인하세요.

가족의 모습에 따라 자유롭게 만들어보세요! 기본 방법은 모두 같아요.

1 손가락 인형 크기에 맞게 아이 그림을 복사한다.

2 복사한 그림을 부분으로 나누어 자른다.

3 손가락 모양과 얼굴만 펠트 2장, 나머지 부분은 각각 1장씩 준비한다. 종이본을 각각 올려놓고 밑그림을 그려 오린다.

4 얼굴 모양 펠트 2장을 겹쳐놓고 촘촘하게 홈질하다가 머리카락을 붙일 위치에 머리카락 모양 펠트를 끼워 넣고 함께 홈질해 고정시킨다. 창구멍을 남기고 방울솜을 넣은 다음 공그르기로 마무리한다.

5 손가락 모양 펠트 1장에 얼굴과 각 부분을 박음질로 고정시킨다. 눈과 입은 단추나 스티치로 표현한다.

6 ⑤와 나머지 손가락 모양 펠트 1장을 겹쳐놓고 아플리케로 마무리한다.

너랑 나랑, 양말 짝꿍

양말은 꼭 한 쪽씩 구멍이 나지요. 나머지 한 쪽의 쓸모를 찾아줄 좋은 방법이 있어요. 양말인형을 만드는 거예요. 뒤꿈치와 앞코가 까맣고 발 부분이 흰색인 양말이 있다면 인형 머리를 한 번에 표현할 수 있어 최고예요. 인형 다리와 치마는 양말이나 레이스, 조각 원단을 이용하세요.

크기 아이 양말 크기

준비물 공통 앞코와 뒤꿈치가 검정색(또는 진한 색) 양말 1쪽, 다른 양말 1쪽, 조각 원단(줄무늬 등), 자수실, 방울솜, 실, 바늘
여자아이 레이스, 리본, 단추 1개, 접착용 유리비즈 4개
남자아이 단추 2개

1

2

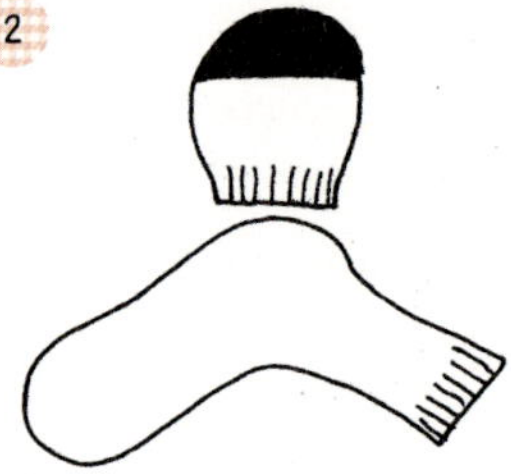

3

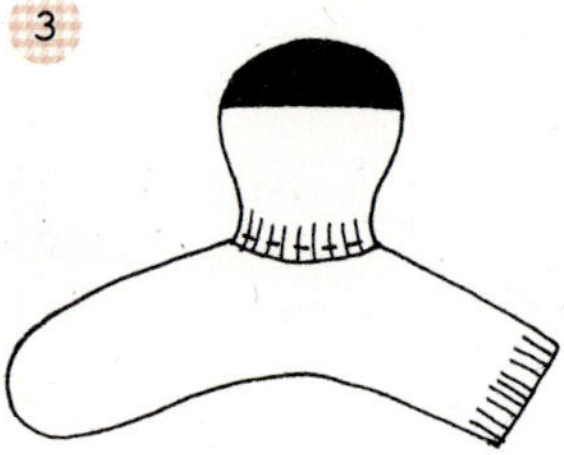

6

여자아이와 남자아이 만드는 방법은 같아요. 헤어스타일이나 얼굴 표정, 옷 색깔 등 포인트가 될 부분만 다르게 표현하세요. 각각 다른 양말 2쪽이 모여 인형 하나가 완성되는 스타일이에요.

1 앞코와 뒤꿈치가 검정색(또는 진한 색)인 양말 1쪽을 준비해 그림에 표시한 부분을 자른다.
인형 머리 부분으로 양말 앞코를 사용할 거예요!

2 양팔이 될 다른 양말 1쪽과 ①에서 준비한 머리 부분 양말 안쪽에 방울솜을 넣어 볼륨 있게 만든다.
잘라내고 남은 양말 조각들을 함께 넣어도 돼요.

3 머리 아래쪽 부분을 그림처럼 다른 양말 뒤꿈치 부분에 홈질로 연결한다.

4 조각 원단과 솜을 이용해 다리를 만들어 몸통에 공그르기로 연결한다. 남자 인형은 남은 양말 조각을 이용해 사진처럼 바지를 만들어 공그르기로 연결한다.

5 여자 인형은 다리 위로 레이스로 치마를 만들어 홈질로 붙인다.

6 단추를 달아 눈을 표현하고 코와 입은 체인스티치(chain stitch, p.14 참고)로 표현한다.

7 여자 인형은 머리 윗부분을 리본으로 묶어 장식하고 눈에 접착용 유리비즈를 붙인다.

놀이터에서 만난 꼬마숙녀

아이가 놀이터에서 만난 친구들을 그려 자기 방에 붙여놓았던 적이 있어요. 그림 속 유일한 여자 아이라 더 눈에 띄었던지 인형으로 만들어두었었지요. 이사하면서 그 그림은 잃어버렸지만 지금도 이 인형을 보면 그맘때 아이가 놀던 모습들이 떠오른답니다.

크기 A4용지에 여백을 조금 남기고 가득 차게 복사한다

준비물 광목, 면 또는 폴리 원단(노란색), 조각 원단, 털실(검정색), 원단용 염색펜, 스케치펜, 방울솜, 실, 바늘

2

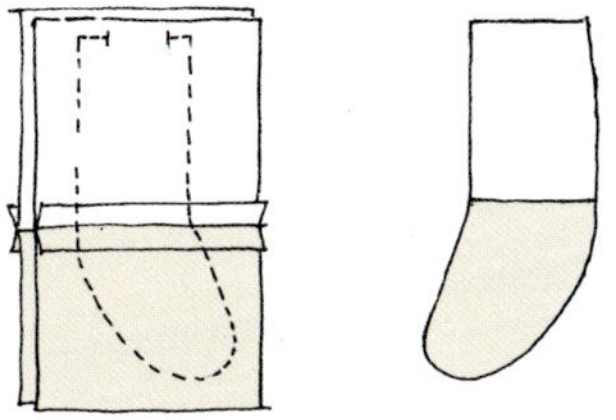

5

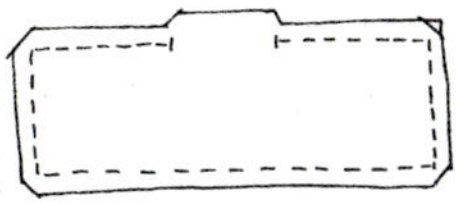

6

7

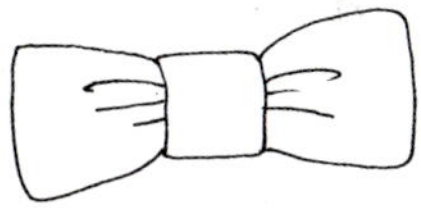

인형 만드는 기본 방법은 같아요. 그림은 p.8을 참고하세요!

1 아이가 그린 그림을 원하는 크기로 복사한다. 복사한 그림을 각 부분으로 나누어 자른다.

2 각 부분 원단을 겉끼리 마주보도록 겹쳐놓고 뒷면에 각각 종이본을 올린 다음 3mm 정도 크게 밑그림(바느질선)을 그린다. 이때 다리(광목)와 신발(분홍색 조각 원단)은 그림처럼 바느질로 연결한 다음 밑그림을 그린다.

3 창구멍을 제외하고 바느질선을 따라 촘촘하게 홈질한 뒤 시접 5mm의 여유를 두고 재단한다. 창구멍으로 뒤집고 방울솜을 넣은 다음 공그르기로 마무리한다. 완성된 각 부분을 공그르기로 연결한다.

4 검정색 털실을 만들고자 하는 머리카락 길이로 잘라 여러 겹으로 겹친 다음 머리 정수리부분에 바느질로 고정시킨다(p.105 참고). 원단용 염색펜으로 눈, 코, 입을 그려 넣는다.

5 리본을 만들 노란색 원단을 직사각형으로 2장 잘라 겉끼리 마주보도록 겹쳐놓고 그림처럼 창구멍만 남기고 홈질한다. 창구멍으로 뒤집고 방울솜을 적당히 넣은 다음 공그르기로 창구멍을 막아 리본 날개 부분을 만든다.

6 리본 가운데를 묶을 노란색 원단을 그림처럼 3쪽으로 접어 다림질한다.

7 날개 가운데를 ⑥의 원단으로 감싸고 뒤쪽에서 꿰매 마무리한 뒤 글루건 또는 바느질로 머리카락에 고정시킨다.

개구쟁이 같은 표정, 장난기 가득한 포즈, 아이의 상상력이 더해져 재미있는 모양이 된 인형들이에요. 황홀한 강아지, 공룡 같은 악어, 튜브를 타고 노는 꼬마. 아이 그림을 바라보는 엄마의 마음을 담아 특별하게 만들어요.

FUNNY

황홀한 강아지

눈이 뱅글뱅글~ 이 강아지는 무언가에 반한 것 같아요. 예쁜 여자 친구를 만나게 된 걸까요? 아빠의 헌 셔츠를 이용해 만들었어요. 스티치를 이용해 황홀해하는 눈을 표현한 것이 포인트.

크기 A4용지에 여백을 조금 남기고 가득 차게 복사한다

준비물 안 입는 셔츠, 광목 조금, 조각 원단(빨간색), 자수실, 스케치펜, 방울솜, 시침핀, 실, 바늘

1

2

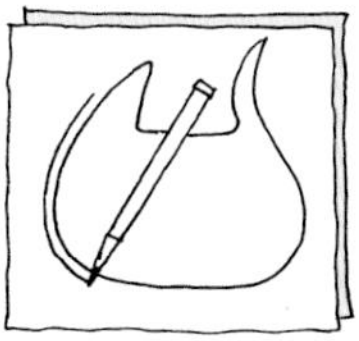

3

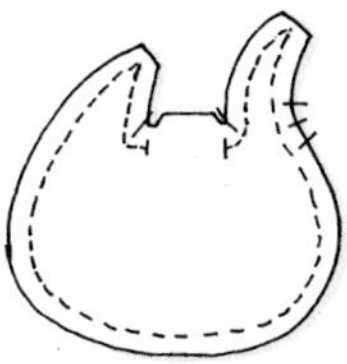

5

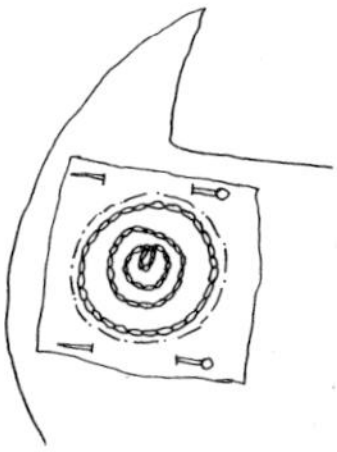

1 아이가 그린 그림을 원하는 크기로 복사한 다음 부분으로 나누어 자른다.

2 셔츠를 잘라 2장을 만들어 겉끼리 마주보도록 겹쳐놓는다. 뒷면에 ②의 종이본을 각각 올린 다음 3mm 정도 크게 밑그림(바느질선)을 그린다.

3 창구멍을 제외하고 바느질선을 따라 촘촘하게 홈질한 뒤 시접 5mm의 여유를 두고 재단한다. 곡선 부분에는 가위집을 넣는다.

4 창구멍으로 뒤집고 방울솜을 넉넉히 넣어 볼륨감 있게 만든 다음 공그르기로 마무리한다. 얼굴과 몸통을 각각 만들어 공그르기로 이어 붙인다.

5 광목에 눈 모양을 그린 다음 얼굴의 눈 위치에 놓고 시침핀으로 고정시킨다. 자수실을 이용해 뱅글뱅글 눈 모양으로 박음질한다. 박음질선 밖으로 사방 2~3mm 여유를 두고 자른다.

눈 양쪽을 다른 색깔 실로 박음질해보세요!

6 입도 눈과 같은 방법으로 만든다. 빨간색 조각 원단에 입 모양을 그린 다음 입 위치에 놓고 빨간색 실로 박음질해 붙인다. 박음질선 밖으로 사방 2~3mm 여유를 두고 자른다.

안드로메다 우주인

"너는 어느 행성에서 왔니?"
아침에 일어나보니 우리 집 거실에 우주인이 착륙했네요. 경쾌한 스트라이프 원단에 큼직한 플라스틱 단추를 달아주었어요. 아이와 함께 원단이나 부자재를 고르는 것도 재미있어요.

크기 A4용지에 여백을 조금 남기고 가득 차게 복사한다

준비물 면 원단(스트라이프무늬), 조각 원단 또는 펠트(빨간색), 큰 단추 2개, 작은 단추 1개, 스케치펜, 방울솜, 실, 바늘

2

3

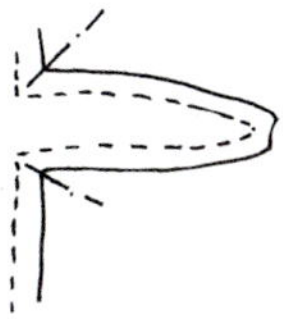

5

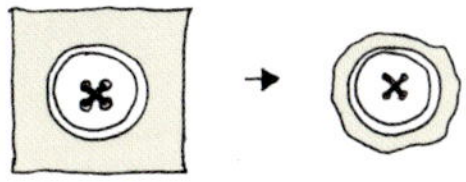

집에 있는 단추를 활용해요. 눈을 짝짝이로 달아도 재미있어요.

1 아이가 그린 그림을 원하는 크기로 복사한 다음 오린다.

2 인형 크기보다 여유 있게 원단을 잘라 2장을 만든 다음 겉끼리 마주보도록 겹쳐놓는다. 뒷면에 종이본을 올리고 3mm 정도 크게 밑그림(바느질선)을 그린다. 창구멍을 제외한 나머지 부분을 박음질한다.

인형 전체를 한 번에 박음질할 때는 재봉틀을 이용해 빠르고 편하게 작업해도 좋아요!

3 시접 5mm의 여유를 두고 재단한 뒤 곡선 부분에는 가위집을 넣는다.

4 창구멍으로 뒤집고 방울솜을 넉넉히 넣어 볼륨감 있게 만든 다음 공그르기로 마무리한다.

5 조각 원단 2장에 각각 단추 1개씩을 올려 그림처럼 바느질한 다음 가장자리를 살짝 여유 있게 잘라 눈을 만든다. 얼굴에 눈을 달고 몸통에도 작은 단추를 달아 완성한다.

삐삐삐~ 로봇

이 로봇은 박스로 만들어도 실감날 것 같아요. 그래서 박스 대신 인형 옆면을 만들어 입체적으로 표현해봤지요. 시간 여유가 있다면 직접 염색한 원단을 사용해보세요.

크기 A4용지에 여백을 조금 남기고 가득 차게 복사한다

준비물 여러 가지 조각 원단, 펠트(검정색), 스케치펜, 방울솜, 실, 바늘

1

2

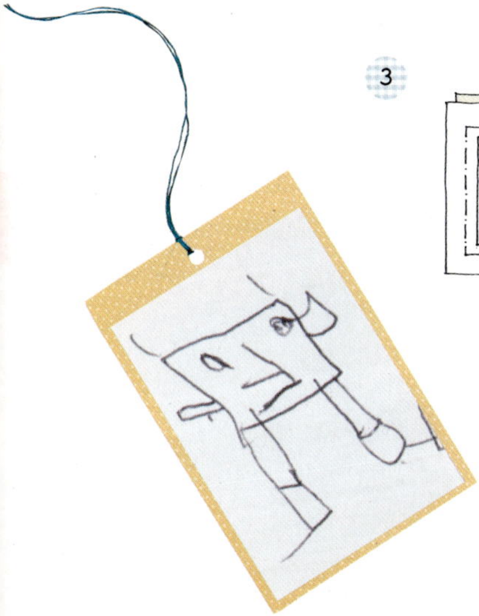

3

4

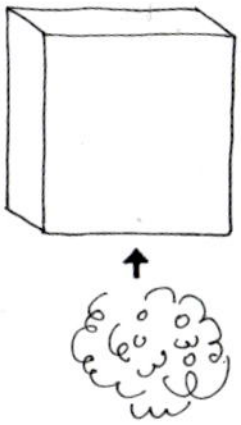

5

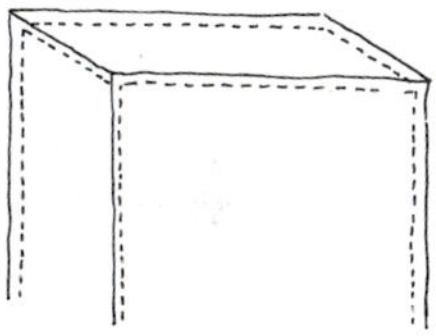

1 아이가 그린 그림을 원하는 크기로 복사한다.

2 그림을 부분으로 자르고 인형 옆면과 위아래 면이 될 직사각형도 몸통 길이에 맞춰 자른다.

3 원단 뒷면에 종이본을 각각 올리고 3mm 정도 크게 밑그림(바느질선)을 그린 다음 다시 5mm 시접을 두고 재단선을 그린다.

4 몸통부터 바느질한다. 몸통의 앞뒤, 위아래, 옆면을 겉면끼리 마주보도록 이어놓고 시침핀으로 고정시킨다. 창구멍을 제외하고 바느질선을 따라 촘촘하게 홈질한 다음 창구멍으로 뒤집는다. 방울솜을 채워 넣고 창구멍은 공그르기한다. 팔다리는 2장씩 겹쳐 같은 방법으로 만든다.

5 입체적인 몸통 모양의 각이 살도록 모서리를 따라 그림처럼 홈질한다. 팔, 다리를 몸통에 공그르기로 붙이고 펠트로 눈, 코, 입을 만들어 버튼홀스티치(buttonhole stitch, p.14 참고) 한다.

핑크 돼지

크기 A4용지에 여백을 조금 남기고 가득 차게 복사한다

준비물 안 입는 티셔츠, 벨루어 또는 벨벳 원단(분홍색), 펠트(흰색), 단추 4개, 자수실, 스케치펜, 시침핀, 방울솜, 2온스 접착솜, 실, 바늘

1

2

3

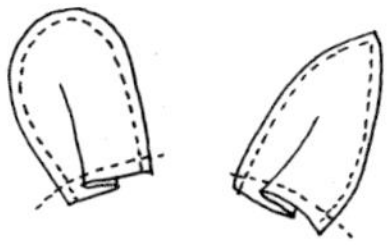

4

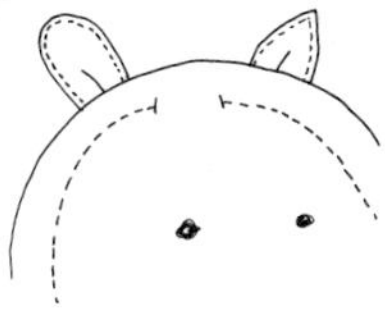

5

1 아이가 그린 그림을 원하는 크기로 복사한 다음 귀, 얼굴, 몸통으로 나누어 자른다.

2 각각의 원단을 2장씩 겹쳐놓고 뒷면에 귀, 얼굴, 몸통 종이본을 올려 밑그림(바느질선)을 그린다. 이때 얼굴과 몸통은 여분 없이 종이본을 따라 그리고, 귀는 그림처럼 아랫부분만 넉넉하게 그린다. 얼굴과 몸통 바느질선 밖으로 1cm 시접을 두고 재단선을 그린다.

벨루어나 벨벳 원단은 잘랐을 때 올이 풀리지 않아 만들기 편해요.

3 귀는 ②에서 그린 밑그림을 따라 오린 다음 밑면만 남기고 그림처럼 안쪽 선을 따라 박음질한다. 밑면으로 솜을 조금 넣고 그림처럼 주름을 잡아 홈질한다. 홈질선 바깥으로 3mm를 남기고 자른다.

4 얼굴 원단 2장을 안쪽 면끼리 마주보도록 겹쳐 놓고 ③에서 만든 귀의 위치를 정한 다음 재단선 안쪽으로 함께 박음질(또는 촘촘한 홈질)한다.

5 창구멍은 남겨두었다가 방울솜을 넣고 홈질한다. 바느질선 바깥으로 3mm를 남기고 자른다.

6

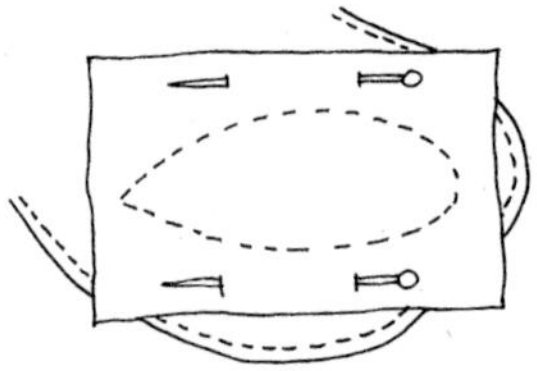

8

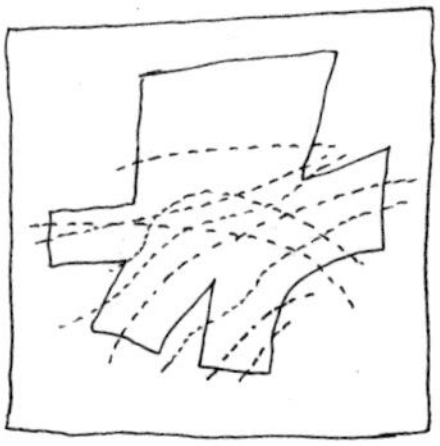

9

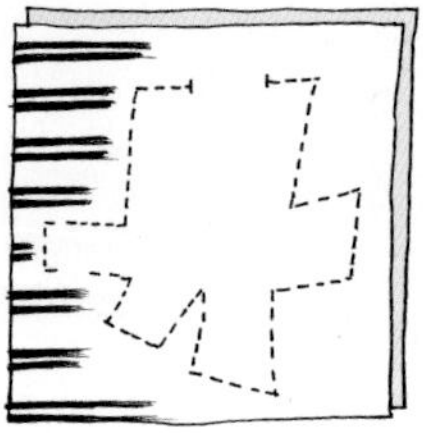

6 흰색 펠트를 넉넉하게 잘라 그림처럼 코 위치에 시침핀으로 고정시킨다. 코 모양을 따라 자수실로 촘촘하게 홈질한다. 홈질선 바깥으로 3mm를 남기고 자른다.

7 몸통 원단 2장의 안쪽 면에 각각 접착솜을 오려 붙인다.

낡은 티셔츠는 빳빳하지 않고 힘이 없어 바느질하기 까다로운 원단이에요. 이럴 때는 접착솜을 붙여 사용하면 편해요.

8 몸통 앞쪽이 될 곳에 그림처럼 자유롭게 스티치 한다.

9 몸통 앞뒷면을 겹쳐 박음질한 다음 창구멍으로 방울솜을 넣는다. 바느질선을 따라 홈질하면서 창구멍도 막는다. 홈질선 바깥으로 3mm를 남기고 자른다.

10 얼굴과 몸통을 공그르기로 연결해 인형을 완성한다.

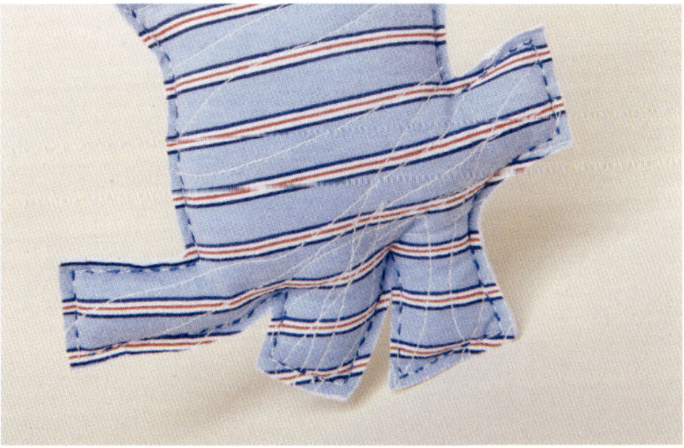

칙칙폭폭! 애벌레 기차

기차를 그렸는데 언뜻 애벌레처럼 보이지 않나요? 아이들은 이렇게 기발한 상상과 창의력으로 어른들을 감동시켜요. 집에 있는 조각 원단을 이용해 알록달록하게 만들어보세요.

크기 A4용지에 여백을 조금 남기고 가득 차게 복사한다

준비물 조각 원단(여러 가지색), 원단용 염색펜, 스케치펜, 방울솜, 실, 바늘

I

point

여러 조각으로 나누어진 인형은 알록달록한 원단들을 사용하세요. 밝고 어두운색을 번갈아 배색하기도 하고, 작은 무늬와 큰 무늬 인딘을 언걸해보는 것도 좋아요. 단색 원단이라면 경쾌한 색깔들을 과감하게 선태히 세요.

1 아이 그림을 복사해 부분으로 나누어 자른다. 준비한 조각 원단과 종이본을 각각 짝짓는다.

전체적인 배색을 고려해 무늬와 색깔 등의 순서를 정해요. 바퀴 색깔은 한 가지 색깔로 통일해 기차의 알록달록함을 돋보이게 하세요.

2 각 부분 원단을 겉끼리 마주보도록 겹쳐놓고 뒷면에 ②의 종이본을 각각 올린 다음 3mm 정도 크게 밑그림(바느질선)을 그린다.

3 창구멍을 제외하고 바느질선을 따라 촘촘하게 홈질한 뒤 시접 5mm의 여유를 두고 재단한다. 창구멍으로 뒤집고 방울솜을 넣은 다음 공그르기로 마무리한다. 각 부분은 공그르기로 연결한다.

4 눈과 입은 원단용 염색펜으로 그려 넣는다.

공룡 닮은 악어

동물원에 놀러간 날을 그렸어요. 길쭉하게 그리는 어른들의 악어와 다르게 이 악어는 참 재미있어서 인형으로 만들어보았어요. 표정을 잘 보세요!

크기 A4용지에 여백을 조금 남기고 가득 차게 복사한다

준비물 무늬 원단(악어와 비슷한 녹색), 조각 원단(갈색 무늬), 나일론 원단(흰색), 단추 2개, 공예용 본드, 스케치펜, 방울솜, 실, 바늘

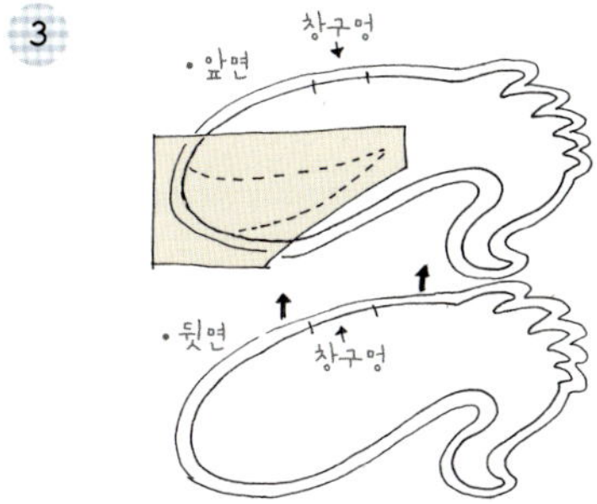

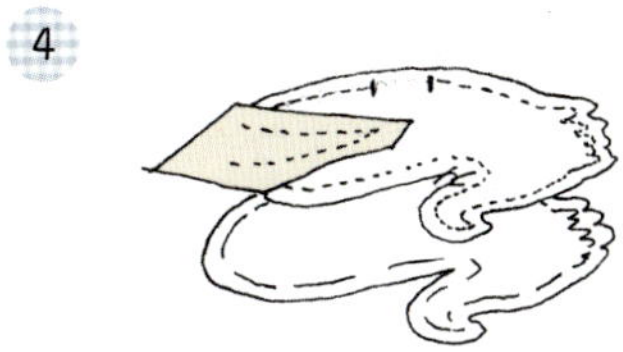

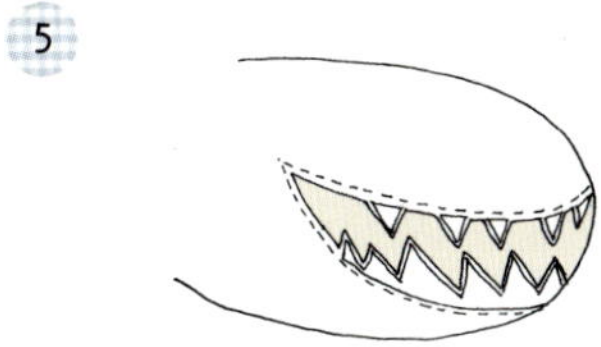

뒷면은 단색 원단 한 가지로 만들었어요.

1 아이 그림을 복사한 다음 몸통과 입 모양(갈색 부분)을 따로 오려요.

2 녹색 무늬 원단을 겉끼리 마주보도록 겹쳐놓고 뒷면에 몸통 종이본을 올린 다음 3mm 정도 크게 밑그림(바느질선)을 그린다.

3 악어의 앞면이 될 원단 뒷면에 갈색 무늬 원단을 대고 입 모양대로 촘촘하게 홈질한다.
입 부분은 초록색과 갈색 원단 2겹이 되는 거예요. 입 모양은 바느질선으로 표시돼요.

4 앞뒷면을 겉끼리 겹쳐놓고 창구멍을 제외한 부분을 바느질선을 따라 박음질한 뒤 곡선 부분에 가위집을 넣는다. 시접 5mm를 남기고 자른 다음 창구멍으로 뒤집고 방울솜을 넣는다. 창구멍은 공그르기로 마무리한다.

5 흰색 나일론 원단을 악어 이빨 모양으로 잘라 입 부분 갈색 원단 위에 공예용 본드로 붙인다. 입 속 모양대로 초록색 원단을 잘라내면 뒤에 있던 갈색 원단이 드러나며 입이 완성된다.

너 혹시 개구리니?

아이가 그린 그림을 한참 들여다보았어요. 무슨 동물을 그린 걸까? 혹시 외계인인가? 그림과 똑같이 인형을 만들어 아이에게 물어보니, "개구리였나?" 하더라고요. 그래서 이 친구는 개구리가 되었어요. 작아지거나 낡아서 못 입는 옷을 활용해서 다양하게 만들어보세요.

크기 A4용지에 여백을 조금 남기고 가득 차게 복사한다

준비물 못 입는 옷, 조각 원단, 단추 2개, 싸개단추 1개, 딱풀, 스케치펜, 방울솜, 실, 바늘

1

2

4

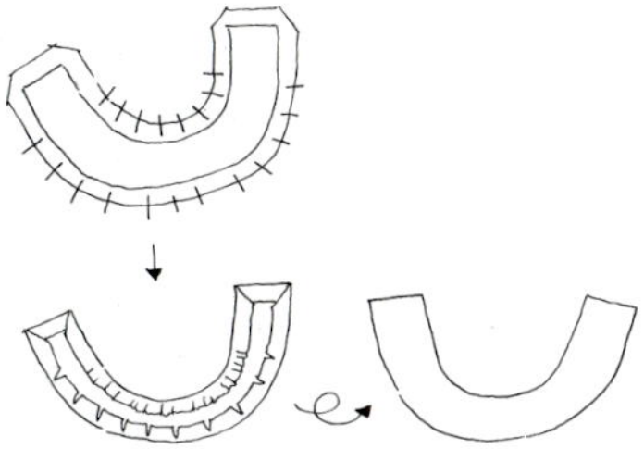

인형 만드는 기본 방법은 같아요. 그림은 p.8을 참고하세요!

1 아이가 그린 그림을 원하는 크기로 복사한다.

2 복사한 그림을 부분으로 나누어 자른다.

3 얼굴과 몸통, 팔 다리가 될 각 부분 원단을 겉끼리 마주보도록 겹쳐놓고 뒷면에 각각 ②의 종이본을 올린 다음 3mm 정도 크게 밑그림(바느질선)을 그린다.

4 입이 될 체크무늬 원단은 뒷면에 종이본을 올려놓고 5~7mm 여유 있게 자른다. 그림처럼 가위집을 낸 뒤 촘촘히 접어 딱풀로 붙인 다음 다림질로 고정시키고 종이본은 떼어낸다. 완성된 입은 얼굴 앞면이 될 원단 겉면에 공그르기로 이어 붙인다(아플리케 p.9 참고).

딱풀을 살짝만 바르고 다림질 후 재빨리 떼어내면 종이본을 쉽게 제거할 수 있어요.

5 ③의 각 원단은 창구멍만 남기고 바느질선을 따라 촘촘하게 홈질한 뒤 시접 5mm 여유를 두고 재단한다. 창구멍으로 뒤집고 방울솜을 넣은 다음 공그르기로 마무리한다. 각 부분이 완성되면 공그르기로 연결한다.

6 눈에는 단추를 달고, 코도 원단을 씌운 싸개단추를 달아준다. 코와 입 사이는 체인스티치(chain stitch, p.14 참고)로 꾸민다. 몸통 앞쪽에도 갈색 조각 원단으로 줄무늬 2개를 오려 공그르기로 완성한다.

싱싱카를 타는 상후

자기 모습을 그린 그림이에요. 싱싱카를 신 나게 타고 있는 장면이라 인형으로 만들 때 표정에 좀 더 신경 썼어요. 원단용 먹지를 사용하면 표정을 정확하고 실감나게 그릴 수 있어요.

크기 A4용지에 여백을 조금 남기고 가득 차게 복사한다

준비물 광목, 조각 원단(여러 가지), 먹지, 폼폼, 원단용 염색펜, 스케치펜, 방울솜, 실, 바늘

4

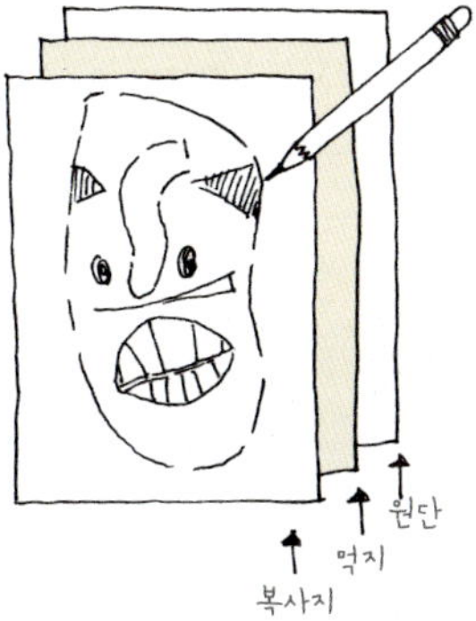

point

얼굴 표정이 특징인 인형을 만들고자 할 때에는 원단용 먹지를 이용해 아이가 그린 그림 그대로 그려 넣어보세요. 연필 등으로 눌러 밑그림을 그린 뒤 염색용 펜으로 덧칠하면 됩니다. 먹지는 수성이라 그림을 그린 후 물티슈로 닦아내면 지워지기 때문에 사용하기 편리해요. 먹지의 색깔도 다양해 원단에 맞춰 골라 쓸 수 있어요.

인형 만드는 기본 방법은 같아요. 그림은 p.8을 참고하세요!

1 아이가 그린 그림을 원하는 크기로 복사한다.

2 복사한 그림을 부분으로 나누어 자른다.

3 각 부분 원단을 겉끼리 마주보도록 겹쳐놓고 뒷면에 각각 ②의 종이본을 올린 다음 3mm 정도 크게 밑그림(바느질선)을 그린다.

4 얼굴 앞면이 될 원단 겉면에는 원단용 먹지와 염색펜을 이용하여 아이 그림 속 표정을 그대로 그려 넣는다. 이때 코는 제외하고 그린다.

염색펜으로 얼굴을 그린 다음에는 충분히 말려주세요. 마른 다음 다림질을 한 번 하면 더 안전해요.

5 각 부분 원단은 창구멍을 제외하고 바느질선을 따라 촘촘하게 홈질한 뒤 시접 5mm의 여유를 두고 재단한다. 창구멍으로 뒤집고 방울솜을 넣은 다음 공그르기로 마무리한다.

6 완성된 각 부분을 공그르기로 연결한다. 코도 공그르기로 얼굴에 붙인다. 폼폼을 실로 꿰매 바퀴를 만든다.

초록 모자를 쓴 인형

초록 모자와 핫핑크색 앞머리가 재미있어요. 정면에서 본 코 모양도 아이답지요. 아이 눈으로 보고 그린 그림은 이처럼 상상력이 더해져 재미있는 모양으로 완성된답니다.

크기 A4용지에 여백을 조금 남기고 가득 차게 복사한다

준비물 광목, 조각 원단(여러 가지), 털실(진분홍색), 부직포, 원단용 염색펜, 스케치펜, 방울솜, 실, 바늘

1

5

6

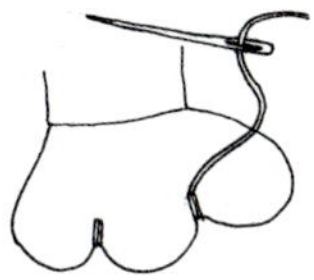

기본 인형 만드는 방법은 p.8의 그림을 참고하세요!

1 아이가 그린 그림을 원하는 크기로 복사한다.

2 복사한 그림을 부분으로 나누어 자른다.

3 각 부분 원단을 겉끼리 마주보도록 겹쳐놓고 뒷면에 각각 ②의 종이본을 올린 다음 3mm 정도 크게 밑그림(바느질선)을 그린다.

4 창구멍을 제외하고 바느질선을 따라 촘촘하게 홈질한 뒤 시접 5mm의 여유를 두고 재단한다. 창구멍으로 뒤집고 방울솜을 넣은 다음 공그르기로 마무리한다. 완성된 각 부분을 공그르기로 연결한다.

5 부직포를 5×0.5cm 정도 크기로 길쭉하게 잘라 2장을 만든다. 하나의 부직포에 그림처럼 털실을 한 올씩 꿰매 고정시킨다. 털실 길이를 알맞게 자른 다음 나머지 부직포로 털실을 덮어 모자 앞쪽에 홈질로 붙인다.

6 손 부분은 기본 바느질 뒤 그림처럼 손가락 사이를 바느질해 손가락을 만든다.

공놀이 하는 피에로

아빠 양복을 빌려 입은 것처럼 큼직한 체크무늬 재킷을 입은 피에로예요. 바지는 작게, 재킷은 크게, 언밸런스해야 재미있죠? 공을 만들고 그 위에 스티치로 무늬를 넣어 돌돌돌~ 굴러가는 공을 표현해보세요.

크기 A4용지에 여백을 조금 남기고 가득 차게 복사한다

준비물 광목, 조각 원단(여러 가지), 자수실, 원단용 염색펜, 스케치펜, 방울솜, 실, 바늘

5

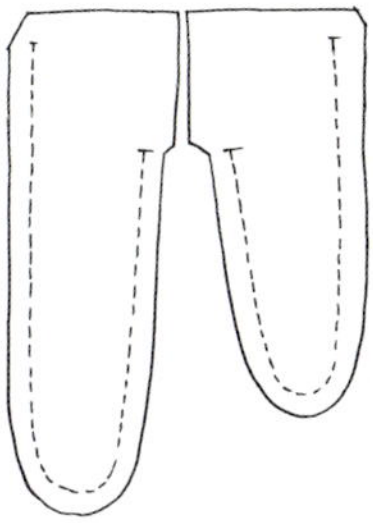

6

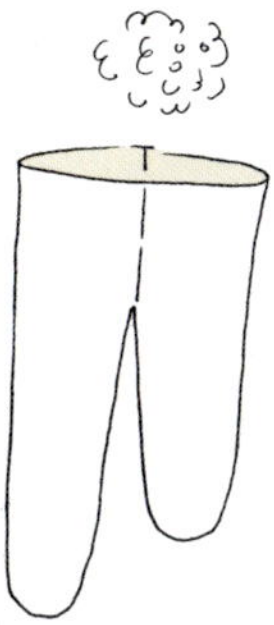

기본 인형 만드는 방법은 p.8의 그림을 참고하세요!

1 아이가 그린 그림을 원하는 크기로 복사한다.

2 복사한 그림을 부분으로 나누어 자른다. 이때 바지가 될 부분은 그림처럼 2조각으로 나눈다.

3 각 부분 원단을 겉끼리 마주보도록 겹쳐놓고 뒷면에 각각 ②의 종이본을 올린 다음 3mm 정도 크게 밑그림(바느질선)을 그린다.

4 바지와 공을 제외한 나머지 부분은 창구멍을 제외하고 바느질선을 따라 촘촘하게 홈질한 뒤 시접 5mm의 여유를 두고 재단한다. 창구멍으로 뒤집고 방울솜을 넣은 다음 공그르기로 마무리한다.

5 바지는 2조각으로 나눈 부분을 각각 2겹씩 겉끼리 마주보도록 겹쳐놓고 윗부분을 제외한 나머지를 촘촘하게 홈질한 뒤 뒤집어 바지 사이를 연결한다.

6 그림처럼 완성된 바지 부분에 방울솜을 넣고 윗부분 원단을 안쪽으로 접어 넣어 공그르기로 마무리한다.

7 공을 만들 원단 1장의 앞면에 사진처럼 스티치로 동글동글한 모양을 낸다. 스티치가 끝나면 다른 부분과 같은 방법으로 바느질해 공을 만든다.

8 완성된 각 부분을 공그르기로 연결한다. 눈과 입은 원단용 염색펜으로 그려 넣고, 코는 싸개단추에 조각 원단을 씌워 달아준다.

스키를 타요!

반짝이는 원단으로 고글을 만들고, 공예용 철사로 폴을, 얇은 플라스틱 또는 종이를 잘라 스키를 만들어요. 인형을 만드는 방법은 기본적으로 같지만 그림 주제에 따라 소품이나 옷 등을 표현하는 과정이 각각 다른 것이 그림 인형의 흥미로운 점이에요.

크기 A4용지에 여백을 조금 남기고 가득 차게 복사한다

준비물 광목, 조각 원단(여러 가지), 메탈 느낌의 인조가죽(고글), 공예용 철사, 부직포 조각(폴 끝부분), 얇은 플라스틱 또는 종이(스키), 공예용 본드, 자수실, 싸개단추, 원단용 염색펜, 스케치펜, 방울솜, 실, 바늘

6

8

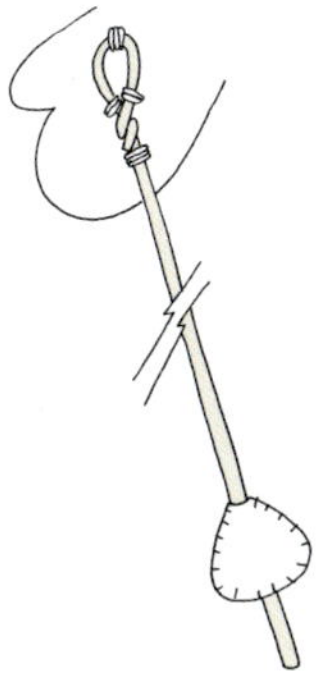

폴은 공예용 철사로 만들면 간단해요.

기본 인형 만드는 방법은 p.8의 그림을 참고하세요!

1 아이가 그린 그림을 원하는 크기로 복사한다.

2 복사한 그림을 얼굴, 티셔츠, 바지, 장갑, 부츠로 나누어 자른다.

3 각 부분 원단을 겉끼리 마주보도록 겹쳐놓고 뒷면에 각각 ②의 종이본을 올린 다음 3mm 정도 크게 밑그림(바느질선)을 그린다.

4 창구멍을 제외하고 바느질선을 따라 촘촘하게 홈질한 뒤 시접 5mm의 여유를 두고 재단한다. 창구멍으로 뒤집고 방울솜을 넣은 다음 공그르기로 마무리한다.

5 완성된 각 부분을 공그르기로 연결한다.

6 반짝이는 인조가죽을 고글 모양으로 잘라 공예용 본드로 눈 위치에 붙인다. 고글 안쪽에 눈을 그려 넣고, 코와 입도 그려 넣는다.

7 검정색 자수실로 스티치해 머리카락을 만든다.

8 공예용 철사를 적당한 길이로 잘라 그림처럼 한쪽 끝을 동그랗게 꼬아 고리를 만든 다음 장갑 안쪽에 실로 꿰매 고정시킨다. 폴 끝부분은 부직포 조각 2장 사이에 방울솜을 조금 넣고 버튼홀스티치(buttonhole stitch, p.14 참고)로 마감한 뒤 철사 끝에 고정시킨다. 같은 방법으로 폴 1개를 더 만든다.

9 종이 또는 얇은 플라스틱을 잘라 스키를 만들어 부츠 뒤쪽에 붙여 완성한다.

와!
여름이다~

큰 놀이공원에 있는 야외수영장에 갔던 날이에요. 풍경이나 다른 사람들까지 꽤 실감나게 그렸어요. 인형으로 만들 때는 튜브를 타고 있는 모습처럼 입체적으로 표현하기에 적합한 부분을 찾아 만들어보세요. 아이가 그린 그림처럼 생동감 있는 모습이 완성될 거예요.

크기 A4용지에 여백을 조금 남기고 가득 차게 복사한다

준비물 광목, 조각 원단(튜브용 2가지, 수영복용 1가지), 원단용 염색펜, 스케치펜, 시침핀, 방울솜, 실, 바늘

5

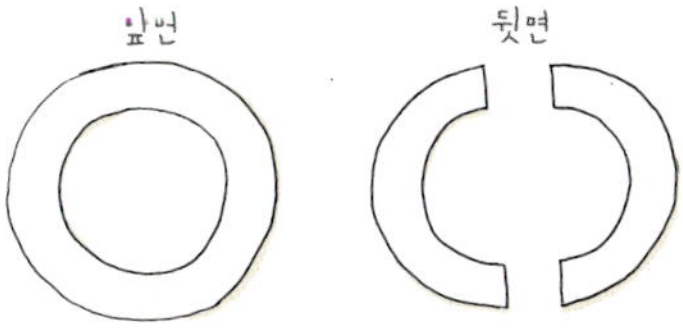

6

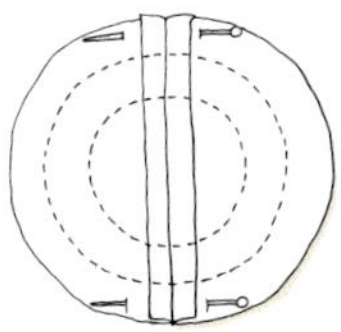

7

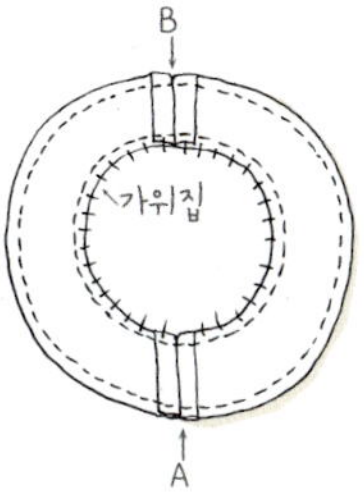

8

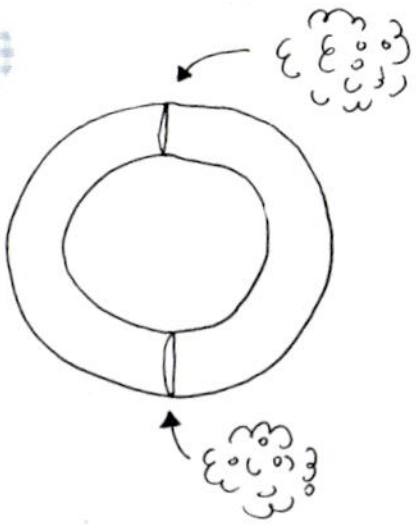

9

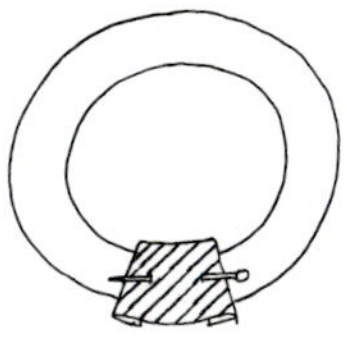

인형 만드는 기본 방법은 같아요. 그림은 p.8을 참고하세요!

1 아이가 그린 그림을 원하는 크기로 복사한다. 복사한 그림을 얼굴과 몸통으로 나누어 자른다.

2 얼굴과 몸통 원단을 겉끼리 마주보도록 겹쳐놓고 뒷면에 각각 종이본을 올린 다음 3mm 정도 크게 밑그림(바느질선)을 그린다.

3 창구멍을 제외하고 바느질선을 따라 촘촘하게 홈질한 뒤 시접 5mm의 여유를 두고 재단한다. 창구멍으로 뒤집고 방울솜을 넣은 다음 공그르기로 마무리한다. 얼굴과 몸통을 공그르기로 연결한다.

4 파란색 조각 원단으로 삼각형 수영복을 만든다. 삼각형의 아래쪽 꼭짓점이 이어지도록 2개를 그려 한 번에 자르고 인형 몸통 앞뒤로 자리 잡은 다음 가장자리를 안쪽으로 살짝 접어 넣으며 공그르기로 붙인다. 원단용 염색펜으로 머리카락과 눈, 코, 입을 그린다.

5 튜브는 그림처럼 앞면과 뒷면의 밑그림을 각각 그린 뒤 광목 원단을 넉넉히 재단한다.

6 앞뒷면을 겉끼리 마주보도록 겹쳐 그림처럼 시침핀으로 고정시킨 뒤 박음질한다. 이때 위아래 2개의 창구멍을 남긴다.

7 바느질선 밖으로 시접 5mm만 남기고 재단한 뒤 튜브 안쪽 곡선 부분에는 가위집을 넣는다. A 또는 B 지점의 창구멍으로 원단을 뒤집는다.

8 튜브 뒷면에 있는 2개의 창구멍으로 방울솜을 넣어 볼륨 있게 채우고 공그르기로 마무리한다.

9 빨간색과 파란색 조각 원단을 잘라 그림처럼 튜브 앞면에 시침핀으로 고정시킨 뒤 공그르기로 붙여 튜브를 완성한다.

뽀로로와 친구들

'뽀통령'이라는 별명이 있을 정도로 인기 폭발인 국민캐릭터 친구들. 우리 아이도 예외 없이 뽀로로와 친구들의 팬이었어요. 아들의 어린 시절을 기억할 만한 인형 친구로 만들어두면 좋을 것 같아 뽀로로, 에디, 루피, 크롱, 포비를 만들어보았어요. 각 캐릭터마다의 옷차림에 맞춰 원단을 골라보세요.

에디

크기 A4용지에 여백을 조금 남기고 가득 차게 복사한다

준비물 광목, 면 원단(노란색 체크무늬), 코를 만들 펠트(검정색, 흰색), 원단용 염색펜, 스케치펜, 시침핀, 방울솜, 실, 바늘

1

3

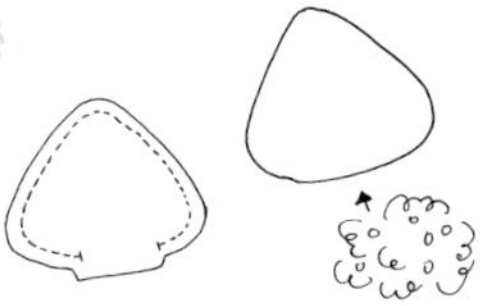

5

인형 만드는 기본 방법은 같아요. 그림은 p.8을 참고하세요!

1 아이가 그린 그림을 원하는 크기로 복사한 다음 부분으로 자른다.

2 노란색 체크무늬 원단을 겉끼리 마주보도록 겹쳐놓고 뒷면에 각 부분의 종이본을 올린 다음 3mm 정도 크게 밑그림(바느질선)을 그린다.

3 창구멍을 제외하고 바느질선을 따라 촘촘하게 홈질한 뒤 시접 5mm의 여유를 두고 재단한다. 창구멍으로 뒤집고 방울솜을 넣은 다음 공그르기로 마무리한다. 완성된 각 부분을 공그르기로 연결한다.

4 광목 원단 뒷면에 귀 안쪽과 얼굴의 코, 입 부분, 배 부분, 발끝을 그린 다음 각각 5mm 정도 여유를 두고 재단한다.

5 귀와 얼굴, 배, 발에 광목을 각각 올린 다음 그림처럼 시침핀으로 고정시킨다. 가장자리를 안쪽으로 접어 넣어가며 공그르기로 붙인다.

6 검정색 펠트를 동그랗게 잘라 흰색 펠트 위에 홈질로 붙인다. 얼굴에 코를 공그르기로 붙인다.

둥글고 큼직한 단추로 코를 만들어도 돼요!

7 눈과 입은 원단용 염색펜으로 그리고 발끝에는 검정색실로 스티치하여 에디를 완성한다.

루피

크기 A4용지에 여백을 조금 남기고 가득 차게 복사한다

준비물 광목, 면 원단(연분홍색 체크무늬), 조각 원단(빨간색, 보라색), 원단용 염색펜, 스케치펜, 시침핀, 방울솜, 실, 바늘

1

5

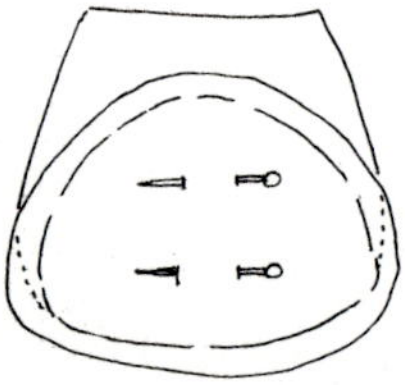

'에디'와 '루피'는 만드는 방법이 거의 비슷해요. 기본 인형 만들기 그림은 p.8을 참고하세요!

1 아이가 그린 그림을 원하는 크기로 복사한 다음 부분으로 자른다.

2 분홍색 체크무늬 원단을 겉끼리 마주보도록 겹쳐놓고 뒷면에 얼굴, 몸통, 귀, 팔의 종이본을 올린 다음 3mm 정도 크게 밑그림(바느질선)을 그린다. 발은 빨간색 조각 원단에 그린다.

3 창구멍을 제외하고 바느질선을 따라 촘촘하게 홈질한 뒤 시접 5mm의 여유를 두고 재단한다. 창구멍으로 뒤집고 방울솜을 넣은 다음 공그르기로 마무리한다. 완성된 각 부분을 공그르기로 연결한다.

4 광목 원단 뒷면에 귀 안쪽과 배 부분을 그린 다음 각각 5mm 정도 여유를 두고 재단한다.

5 귀와 배에 광목을 각각 올린 다음 그림처럼 시침핀으로 고정시킨다. 가장자리를 안쪽으로 접어 넣어가며 공그르기로 붙인다.

6 보라색 조각 원단을 동그랗게 자르고 가장자리를 듬성듬성 홈질한 다음 안쪽에 구름솜을 넣고 실을 잡아당겨 동그란 코를 만든다. 얼굴 가운데에 바느질로 코를 달아준다.

7 눈과 입을 원단용 염색펜으로 그려 루피를 완성한다.

크롱

크기 A4용지에 여백을 조금 남기고 가득 차게 복사한다

준비물 광목, 면 원단(풀잎무늬), 조각 펠트(녹색, 흰색, 검정색), 펠트 조각(흰색), 원단용 염색펜, 스케치펜, 시침핀, 방울솜, 실, 바늘

1

5

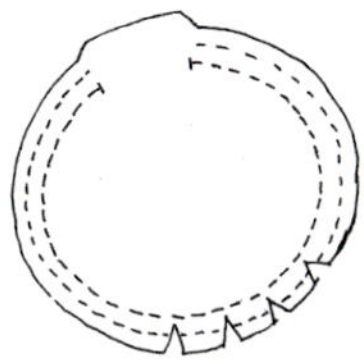

6

'크롱'도 기본 인형 만들기 그림은 p.8을 참고하세요!

1 아이가 그린 그림을 원하는 크기로 복사한 다음 얼굴, 몸통, 팔, 다리, 눈 부분으로 자른다.

2 풀잎무늬 원단을 겉끼리 마주보도록 겹쳐놓고 뒷면에 얼굴, 몸통, 팔, 다리 종이본을 올린 다음 3mm 정도 크게 밑그림(바느질선)을 그린다.

3 창구멍을 제외하고 바느질선을 따라 촘촘하게 홈질한 뒤 시접 5mm의 여유를 두고 재단한다. 창구멍으로 뒤집고 방울솜을 넣은 다음 공그르기로 마무리한다. 완성된 각 부분을 공그르기로 연결한다.

4 광목 원단 뒷면에 눈과 배 부분을 그린 다음 각각 5mm 정도 여유를 두고 재단한다.

5 눈이 될 광목 원단을 2장씩 겉끼리 마주보도록 겹쳐놓고 바느질선을 따라 3mm 간격으로 박음질한 다음 그림처럼 V자 모양으로 가위집을 넣는다. 창구멍으로 뒤집고 방울솜을 넣는다. 눈 가운데에 원단용 염색펜으로 눈동자를 그려 넣는다.

원을 만들 때 가위집을 V자로 중간 중간 넣으면 매끈한 동그라미 모양이 완성돼요!

6 코가 될 녹색 펠트를 동그랗게 4장 자른 다음 2장씩 짝지어 가장자리를 버튼홀스티치(buttonhole stitch, p.14 참고)로 마무리한다. 그 위에 검정색 펠트를 작게 잘라 감침질로 붙인다. 입은 흰색 실로 스티치한다.

7 배에 배 부분 모양대로 자른 광목을 올린 다음 시침핀으로 고정시킨다. 가장자리를 안쪽으로 접어 넣어가며 공그르기로 붙인다. 흰색 펠트로 발끝에 발톱도 만들어 완성한다.

뽀로로

크기 A4용지에 여백을 조금 남기고 가득 차게 복사한다

준비물 광목, 면 원단(노란색, 파란색), 조각 펠트(주황색, 노란색), 색실, 원단용 염색펜, 스케치펜, 시침핀, 방울솜, 실, 바늘

5

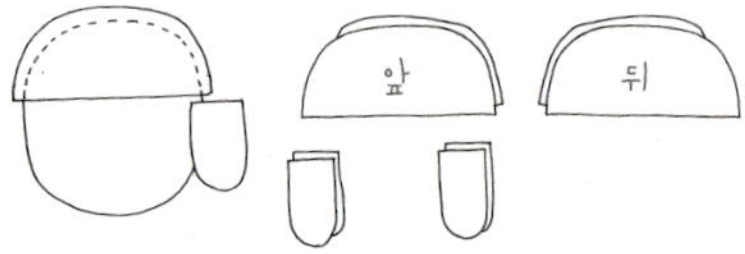

7

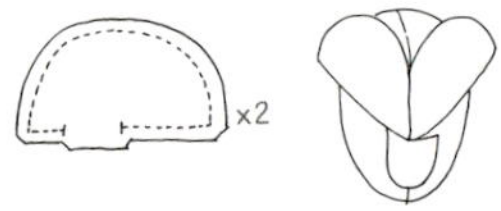

8

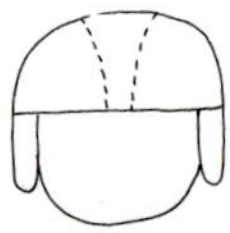

'뽀로로'는 모자 만드는 법을 배워보세요. 다른 친구들과 기본 인형 만들기(그림은 p.8 참고)는 비슷하지만 모자를 만드는 과정이 추가돼요.

1 아이가 그린 그림을 원하는 크기로 복사한 다음 얼굴, 몸통, 팔, 발 부분으로 자른다.

2 광목, 파란색, 노란색 원단을 2장씩 겉끼리 마주보도록 겹쳐놓고 뒷면에 각각 얼굴, 몸통, 팔, 발, 코의 종이본을 올린 다음 3mm 정도 크게 밑그림(바느질선)을 그린다.

3 창구멍을 제외하고 바느질선을 따라 촘촘하게 홈질한 뒤 시접 5mm의 여유를 두고 재단한다. 창구멍으로 뒤집고 방울솜을 넣은 다음 공그르기로 마무리한다. 완성된 각 부분을 공그르기로 연결한다.

4 남은 광목 원단 뒷면에 배 부분의 반원 모양을 그린 다음 각각 5mm 정도 여유를 두고 재단한다. 배에 광목을 올린 다음 시침핀으로 고정시킨다. 가장자리를 안쪽으로 접어 넣어가며 공그르기로 붙인다.

5 노란색 원단으로 모자를 만든다. 원단 2장을 겉끼리 마주보도록 겹쳐놓고 뽀로로 머리 크기보다 사방 3~4mm 크게 모자 본체 2개를 그린다(바느질선). 귀덮개는 얼굴을 많이 가리지 않을 크기로 2개 그린다. 바느질선 바깥으로 시접 5mm 여유를 두고 재단한다.

7 창구멍만 제외하고 모자 본체의 바느질선을 따라 촘촘하게 홈질한다. 창구멍으로 뒤집고 방울솜을 조금만 넣은 다음 창구멍은 공그르기로 마무리한다. 모자 앞뒤가 되도록 2개를 만든다. 귀덮개도 같은 방법으로 2개를 만든다.

8 모자 각 부분을 공그르기로 연결한 다음 뽀로로 머리에 자리를 잡고 공그르기로 붙인다. 모자에 주황색실로 스티치해 장식한다.

9 펠트로 안경을 만들어 붙인다. 안경 안쪽에 원단용 염색펜으로 눈을 그려 넣는다.

포비

크기 A4용지에 여백을 조금 남기고 가득 차게 복사한다

준비물 폴라폴리스(흰색, 검정색), 면 원단(하늘색 줄무늬), 조각 원단(안 입는 청바지 자른 것), 작은 구슬단추 2개, 색실, 원단용 염색펜, 스케치펜, 시침핀, 방울솜, 실, 바늘

4

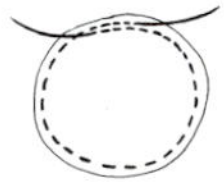

5

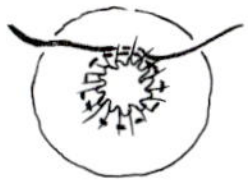

6

7

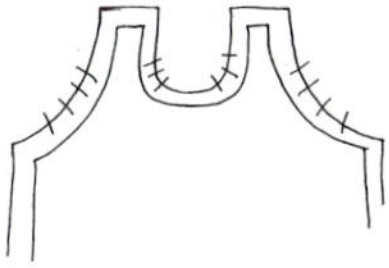

8

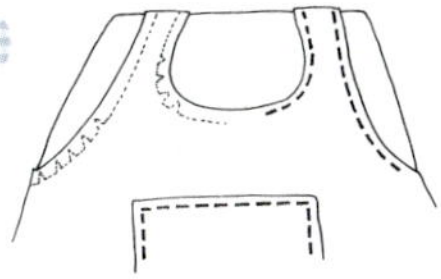

'포비'도 '에디'나 '루피'와 만드는 방법이 거의 비슷해요. 기본 인형 만들기 그림은 p.8을 참고하세요. 단, 오버올 바지를 만들어 입혀야 하니 그 부분은 새롭게 배워보세요!

1 아이가 그린 그림을 원하는 크기로 복사한 다음 얼굴, 몸통, 귀, 팔, 발 부분으로 자른다.

2 흰색 폴라폴리스 원단 2장을 겉끼리 마주보도록 겹쳐 펼쳐놓고 뒷면에 각각 얼굴, 몸통, 귀, 팔, 발의 종이본을 올린 다음 3mm 정도 크게 밑그림(바느질선)을 그린다.

3 창구멍을 제외하고 바느질선을 따라 촘촘하게 홈질한 뒤 시접 5mm의 여유를 두고 재단한다. 창구멍으로 뒤집고 방울솜을 넣은 다음 공그르기로 마무리한다. 완성된 각 부분을 공그르기로 연결한다.

4 검정색 폴라폴리스 원단 뒷면에 포비의 코 모양 원을 그려 오린다. 그림처럼 시작과 끝부분이 서로 엇갈리게 홈질한다.

실제 코 크기보다 넉넉하게 재단해야 해요. 오므려서 동그랗게 만들 거니까요!

5 양쪽에서 실을 잡아당겨 방울솜을 채워 넣은 뒤 실을 묶어 마무리한다.

6 하늘색 줄무늬 원단 뒷면에 포비 바지 모양으로 밑그림을 그린다. 포비 몸통보다 사방 2~3mm 크게 옷본을 그린 뒤 시접 3~5mm 여유를 두고 재단한다.

7 곡선 부분에는 그림처럼 가위집을 넣는다.

8 옷 가장자리를 안쪽으로 집어 넣어가며 공그르기로 몸에 붙인다. 그림처럼 가장자리를 따라 홈질해서 장식한다. 가운데에는 청바지 자른 것을 주머니 모양으로 바느질해 완성한다.

9 작은 구슬단추로 눈을 달고, 입은 검정색실로 스티치해 포비를 완성한다.

속눈썹 공주

속눈썹이 한껏 올라간 예쁜 공주를 그렸어요. 아이가 그린 디테일한 부분들을 다양한 조각 원단과 단추, 반짝이 등으로 표현할 수 있어요. 왕관이나 귀걸이와 같은 장식적인 부분은 가지고 있는 재료에 맞게 만드는 방법을 바꿔도 괜찮아요.

크기 A4용지에 여백을 조금 남기고 가득 차게 복사한다

준비물 광목, 폴라폴리스 원단(연보라색), 조각 원단(2~3가지), 반짝이 원단(왕관용), 스팽글 또는 접착용 유리비즈(왕관장식용), 꽃단추 2개, 단추 2개, 색실, 원단용 염색펜, 스케치펜, 시침핀, 방울솜, 실, 바늘

4

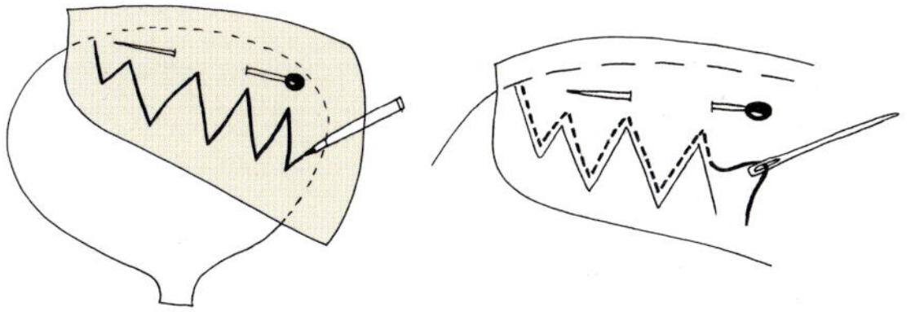

5

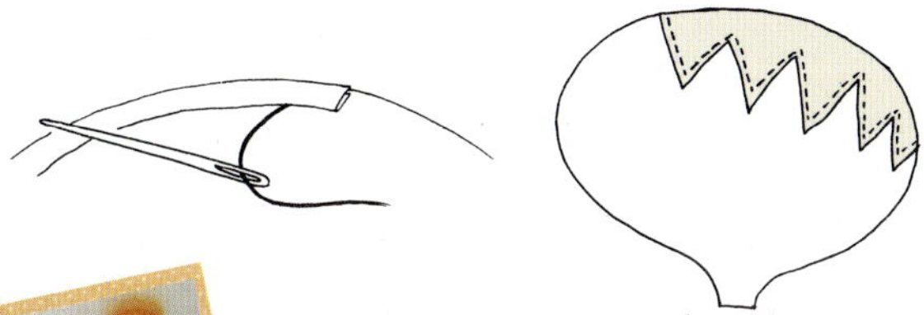

앞머리 완성

얼굴, 몸, 팔, 다리를 만드는 기본적인 방법은 같아요. 기본 인형 만들기 그림은 p.8을 참고하세요.

1 아이가 그린 그림을 원하는 크기로 복사한 다음 얼굴, 귀, 몸통, 팔, 다리 부분으로 자른다.

2 각 부분의 원단을 겉끼리 마주보도록 겹쳐놓고 뒷면에 각각 얼굴, 귀, 몸통, 팔, 다리 종이본을 올린 다음 3mm 정도 크게 밑그림(바느질선)을 그린다.

3 창구멍을 제외하고 바느질선을 따라 촘촘하게 홈질한 뒤 시접 5mm의 여유를 두고 재단한다. 창구멍으로 뒤집고 방울솜을 넣은 다음 공그르기로 마무리한다. 완성된 각 부분을 공그르기로 연결한다.

4 연보라색 폴라폴리스 원단을 앞머리보다 크게 재단하여 시침핀으로 고정시킨 뒤 앞머리 모양을 그린다. 스케치선 안쪽 2~3mm 되는 부분을 얼굴과 함께 홈질한다.

5 스케치선을 가위로 자르고 인형 머리 뒤쪽에 원단을 대고 그림처럼 접어가며 공그르기로 붙인다.

6 같은 원단으로 묶은 머리가 될 부분도 길쭉하게 그려 2장을 오린 다음 겉끼리 마주보도록 겹쳐놓고 창구멍만 남기고 촘촘하게 홈질한다. 창구멍으로 뒤집고 방울솜을 넣은 다음 공그르기로 마무리한다. 앞머리 옆쪽에 이어지도록 공그르기로 붙여 머리카락을 완성한다.

7 반짝이 원단으로 왕관 모양 2장을 오려 ⑥과 같은 방법으로 만든 다음 스팽글이나 접착용 유리비즈를 붙여 왕관을 완성한다. 왕관은 머리 윗부분에 공그르기로 달아준다.

8 동그란 단추 위에 꽃모양 단추를 겹쳐 귀걸이를 완성한다.

9 원단용 염색펜으로 눈, 속눈썹, 코, 입을 그려 넣는다.

10 다리 끝부분에 조각 원단을 잘라 신발을 만들어 붙인다. 원단을 신발 모양으로 자른 다음 가장자리를 안쪽으로 접어 넣어가며 공그르기하면 된다.

TIP 가늘고 긴 팔다리 쉽게 만드는 법

팔다리가 긴 인형을 만들다보면 원단을 바느질하고 나서 뒤집기가 어려워 제대로 모양을 내지 못할 때가 종종 있어요. 그럴 때는 굵은 빨대(버블티 가게에서 꽂아주는 굵은 빨대)와 기다란 튀김용 젓가락으로 이렇게 해보세요! 외국의 바느질용품 사이트에서는 이 용도의 기구를 판매하기도 하는데, 생활용품을 이용해서 간단하게 해결할 수 있으니 더욱 실용적이에요.

1

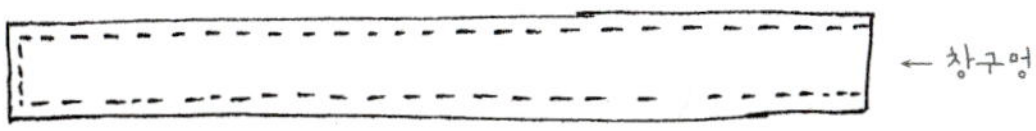

2

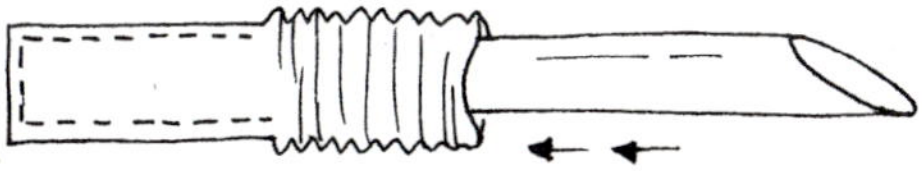

3

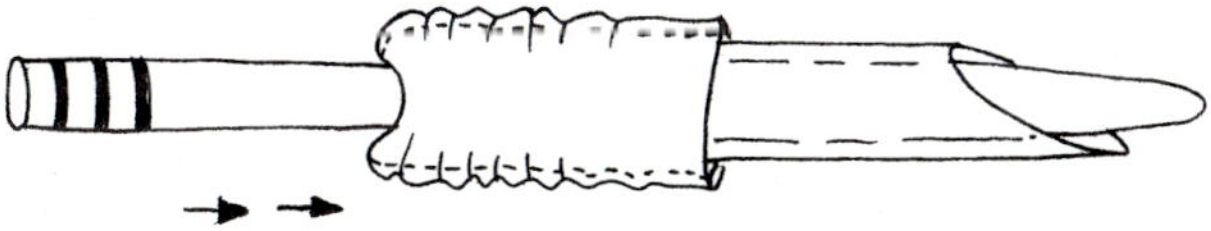

준비물 굵은 빨대(버블티용), 긴 튀김 젓가락

1 가늘고 긴 팔(또는 다리) 모양 원단 2장을 겉끼리 마주보도록 겹친 뒤 창구멍만 남기고 그림처럼 바느질한다. 굵은 빨대가 들어갈 수 있어야 한다.

2 굵은 빨대를 그림처럼 창구멍으로 넣는다.

3 바느질된 쪽으로 겉에서 젓가락을 찔러 넣어 빨대 안으로 통과시킨다. 젓가락으로 남은 천 모두를 밀어 넣으면 원단 뒤집기가 완성된다.

화려한 머리 장식, 공주 같은 옷, 갑옷을 입은 듯한 공룡 등등, 재료 하나 하나 신경 써서 섬세하게 만들었어요. 아이 그림의 작은 부분까지 놓치지 말고 표현해주세요. 그림에 어울리는 원단과 부재료를 고르면 특징을 잘 살릴 수 있어요.

DETAILS

왕관 쓴 공주

어딘지 위엄이 느껴지는 공주를 그렸어요. 중요한 날인지 한껏 갖춰 입고 머리에 왕관도 썼답니다. 다양한 조각 원단과 스팽글, 구슬 등으로 여기 저기 꾸미고, 섬세한 스티치 기법까지 동원했어요. 구석구석 공이 많이 들어간 인형이에요.

크기 A4용지에 여백을 조금 남기고 가득 차게 복사한다

준비물 광목, 조각 원단(여러 가지), 반짝이 원단, 자수실(하늘색), 조각 펠트(갈색), 보들이 털실(갈색, 머리카락 부분), 스팽글, 꽃모양 작은 단추, 작은 비즈, 색실, 원단용 염색펜, 스케치펜, 방울솜, 실, 바늘

2

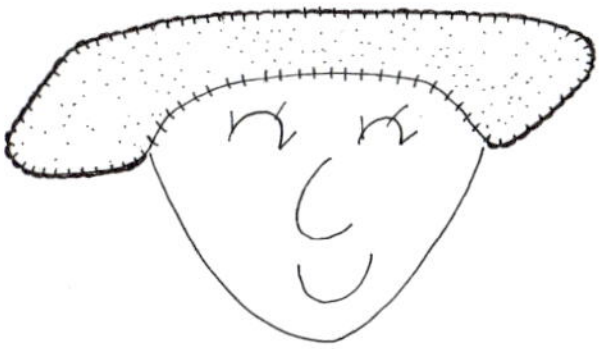

3

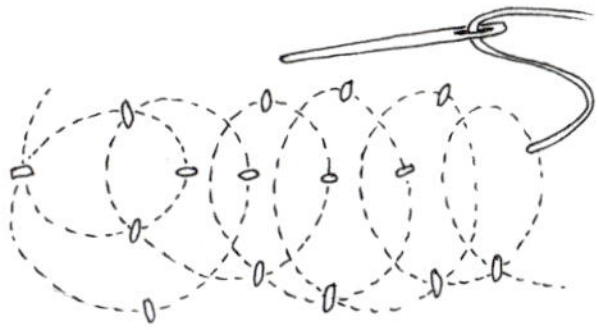

스타킹과 신발에 섬세한 자수 장식을 더해 실감나게 만들어요.

1 기본 인형 만들기(p.8)를 참고해 인형을 만든다.

2 머리 부분은 펠트와 보들이 실을 이용해서 만든다. 먼저 머리 모양에 맞게 재단한 2장의 펠트를 버튼홀스티치(buttonhole stitch, p.14 참고)로 연결하고, 얼굴과 맞닿는 곳은 시침질로 연결한다. 바느질 도중 방울솜을 넣고 공그르기로 마무리한다.

3 인형 머리카락은 갈색 보들이 실을 그림처럼 빙글빙글 돌려가며 만든다. 중간 중간 갈색 실로 고정시키고 머리 양쪽 끝에 꿰매 마무리한다.

4 스타킹은 실론스티치(ceylon stitch, p.14 참고)로 표현한다.

5 ③에서 만든 머리 위에 왕관을 올려 시침질로 고정시킨다. 옷 중간 중간 스팽글과 꽃모양 단추 등을 꿰매 장식한다. 원단용 염색펜으로 눈, 코, 입을 그린다.

당근 토끼

단순하게 그린 토끼라 인형 만들기는 쉬워요. 여기에 체크무늬 원단으로 간단한 모양에 포인트를 주었어요. 대신 섬세한 장식을 하나 더하고 싶어 코바늘뜨기를 이용한 당근을 만들었지요. 짧은뜨기와 사슬뜨기만 알면 입체적인 당근을 쉽게 만들 수 있어요.

크기 A4용지에 여백을 조금 남기고 가득 차게 복사한다

준비물 신축성 있는 원단(체크무늬), 코바늘뜨기용 실(주황색, 녹색, 흰색), 단추 2개, 스케치펜, 방울솜, 실, 바늘

3

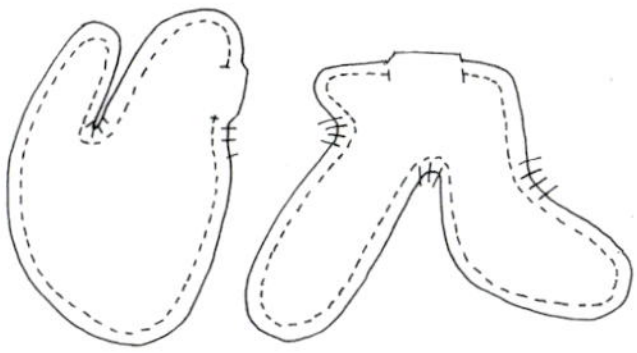

5

인형 만드는 기본 방법은 같아요. 그림은 p.8을 참고하세요!

1 아이가 그린 그림을 원하는 크기로 복사한다. 복사한 그림을 얼굴과 몸통으로 나누어 자른다.

2 체크무늬 원단 2장을 겉끼리 마주보도록 겹쳐놓고 뒷면에 얼굴과 몸통의 종이본을 올린 다음 각각 3mm 정도 크게 밑그림(바느질선)을 그린다.

3 창구멍을 제외하고 바느질선을 따라 촘촘하게 홈질한 뒤 시접 5mm의 여유를 두고 재단한다. 곡선 부분에는 가위집을 넣는다.

인형 전체가 하나 또는 두 개의 큰 조각으로 되어 있을 경우에는 돌아가는 곡선 부분마다 가위집을 넣어 자연스러운 모양을 만들기 쉽도록 신축성 있는 원단을 사용하는 것이 좋아요.

4 창구멍으로 뒤집고 방울솜을 넣은 다음 공그르기로 마무리한다. 완성된 얼굴과 몸통을 공그르기로 연결한다.

5 당근은 짧은뜨기(p.15 참고)로 코늘이기와 코줄이기를 이용해 만든다. 당근 잎은 사슬뜨기(p.15 참고)로 길게 한 줄을 떠서 그림처럼 동글동글 모양 잡아 실로 꿰맨다.

6 토끼의 원하는 부분에 당근을 실로 꿰매 붙인다.

무지개 물고기

물고기 비늘을 알록달록 색실로 코바늘뜨기해 진짜 비늘처럼 실감나게 만들어보세요. 짧은뜨기로 반원 모양만 여러 개 만들면 화려한 무지개 물고기 완성! 큼직하게 만들어 장식용 쿠션으로 활용해도 멋지답니다.

크기 가로 길이가 A3 용지 안에 들어갈 크기로 복사한다

준비물 면 캔버스 원단(하늘색), 광목, 코바늘뜨기용 실(여러 가지 색), 크기가 다른 단추 3개, 스팽글, 원단용 염색펜, 스케치펜, 방울솜, 실, 바늘

1

2

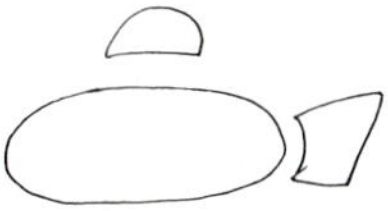

6

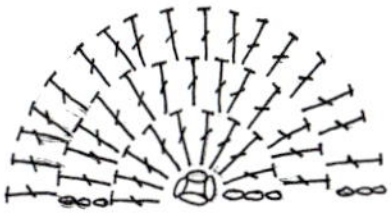

7

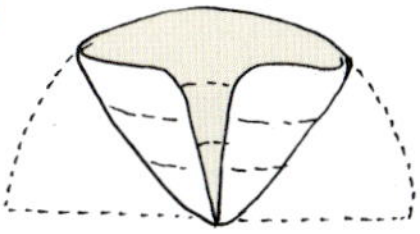

비늘을 하나씩 따로 만들어 층층이 배열하세요.

1 그림을 A3용지에 들어갈 만한 크기로 복사한다.

2 물고기의 몸통과 꼬리지느러미, 등 지느러미로 나누어 오린다.

3 하늘색 캔버스 원단 2장을 겉끼리 마주보도록 겹쳐서 펼친 뒤 종이본을 올려 각각 3mm 정도 크게 밑그림(바느질선)을 그린다.

4 창구멍을 제외하고 바느질선을 따라 촘촘하게 홈질한 뒤 시접 5mm의 여유를 두고 재단한다. 창구멍으로 방울솜을 넣고 창구멍은 공그르기로 마무리한다.

5 각 부분을 공그르기로 연결해 물고기 모양을 만든다. 지느러미에는 흰색 실로 스티치해 입체적인 느낌을 낸다.

6 코바늘을 이용해 여러 가지 색 실로 물고기 비늘을 하나씩 만든다. 먼저, 4개의 코를 잡아 한길긴뜨기(p.15 참고)로 이어나가 반원 모양을 만든다.

7 그림처럼 ⑥의 양끝을 안쪽으로 살짝 접어 모양을 만든 다음 꼬리에서 머리 방향으로 하나씩 실로 꿰매 붙여 나간다. 여러 가지 색을 고루 붙이고, 스팽글을 달아 포인트 장식을 더한다.

8 단추 3개를 겹쳐서 눈을 만들고, 원단용 염색펜으로 입을 그려 완성한다.

공작새

날개를 활짝 펴고 화려한 자태를 자랑하는 공작새예요. 크게 얼굴과 날개 부분에 스티치와 컬로 조합으로 포인트를 주며 정교하게 표현해보았어요.

크기 A4용지에 여백을 조금 남기고 가득 차게 복사한다

준비물 광목, 부직포, 구슬, 자수실(그라데이션), 원단용 염색펜, 스케치펜, 시침핀, 방울솜, 실, 바늘

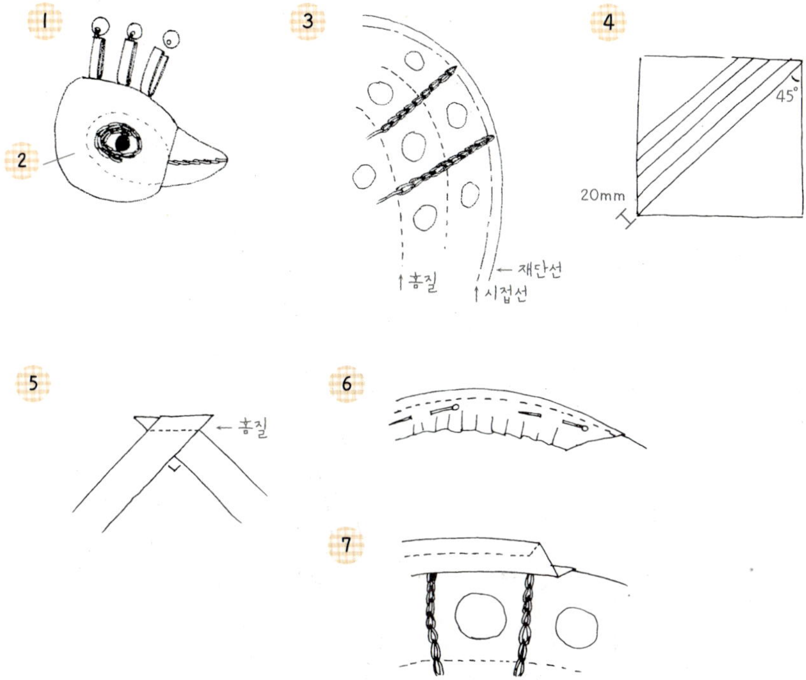

1 먼저 공작새 얼굴을 만든다. 벼슬이 될 부직포를 길게 잘라 반으로 접은 뒤 구슬을 꿰맨다. 부직포 가장자리는 버튼홀스티치(buttonhole stitch, p.15 참고)로 마무리한다.

2 그라데이션 컬러의 자수실로 체인스티치(chain stitch, p.15 참고)하여 눈을 표현한다. 눈동자는 새틴스티치(satin stitch, p.15 참고)하거나 원단용 염색펜으로 그린다. 부리는 스템스티치(stem stitch, p.15 참고)로 표현한다.

3 공작새 깃털은 광목을 사용한다. 광목에 밑그림을 그린 다음 시접 5mm의 여유를 두고 재단한다. 체인스티치(chain stitch, p.15 참고)와 홈질로 바느질해 꾸미고 원단용 염색펜으로 색칠한다.

4 광목을 그림처럼 45° 각도로 20mm 폭에 맞춰 재단해 바이어스 천을 만든다.

5 2장의 바이어스 천을 그림처럼 90° 각도로 겹쳐놓고 홈질로 연결한다.

6 ⑤의 바이어스 천을 공작새 깃털 가장자리에 씌워 시침핀으로 고정시킨 다음, 5mm 안쪽의 시접선에 맞춰 바느질한다.

7 그림처럼 바이어스 천을 위로 접어 올리고, 5mm 여유를 둔 시접선을 손으로 접는다. 뒷면으로 넘긴 바이어스 천은 공그르기해 마무리한다.

초록 털실 거인

"으악~~~ 괴물이다!" 아이가 그림을 그려놓고 괴물이라며 소리를 지르네요. 크래용으로 동글동글, 마치 털실 뭉치 괴물 같았어요. 코바늘뜨기를 이용해 인형 전체를 만들어보면 어떨까 싶어 도전해보았습니다.

크기 자유롭게 코바늘로 제작

준비물 코바늘용 털실(초록색, 파란색, 빨간색 등), 코바늘, 돗바늘, 방울솜

1

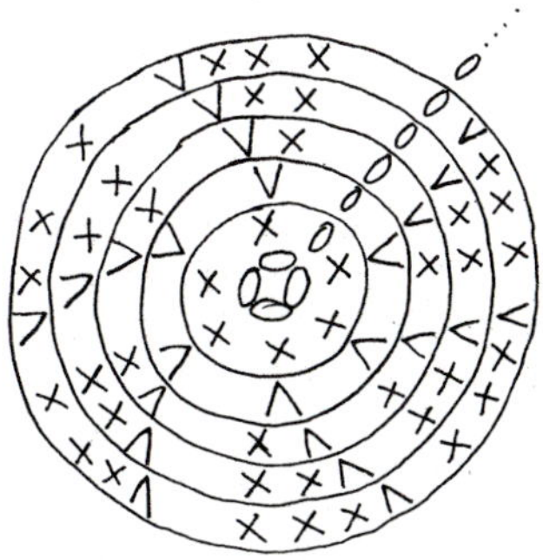

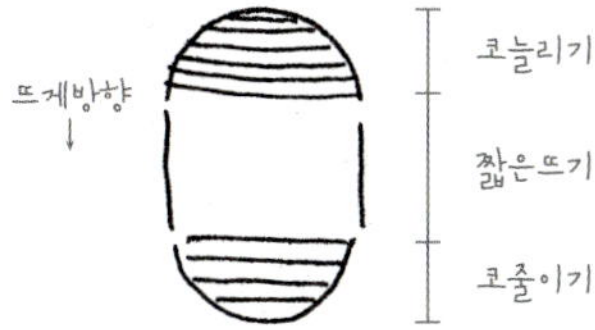

인형을 만드는 짧은뜨기, 사슬뜨기, 코줄이기 방법은 '코바늘뜨기 기본 방법(p.15)'을 꼭 참고하세요.

1 아이 그림에 맞춰 자유롭게 코를 줄이고 늘여가며 모양을 만들 수 있어 인형 크기를 원하는대로 조절할 수 있다. 먼저 코를 늘려가며 떠서 인형 얼굴을 만든다. 더 이상 코를 늘리지 않고 모두 짧은뜨기로 뜨는 구간이 되면 곡선으로 떠지던 것이 멈춰진다.

2 얼굴 크기와 비율이 맞도록 코를 잡아 몸통을 뜬다. 코줄이기를 하여 아래쪽이 좁아지도록 한다.

3 귀와 발도 각각 코줄이기, 코늘이기를 활용하며 자유로운 모양으로 만든다.

4 각 조각에 방울솜을 넣고 돗바늘로 꿰맨다. 각 부분을 돗바늘로 꿰매 전체 형태를 완성한다.

백만 불짜리 미소, 하진이

몸은 세모로, 손발은 동그랗게 그리는 것은 아이들 그림의 특징이에요. 얼굴은 큼직하게 그려 왠지 더 친근한 느낌이 나요. 인형을 만들면서 앞머리를 재미있게 표현하고 싶었지요. 몸은 단순하게 만들고 머리카락은 실을 동글동글 말아 붙여 세상에 하나뿐인 인형이 완성됐어요.

크기 A4용지에 여백을 조금 남기고 가득 차게 복사한다

준비물 광목, 조각 원단(3가지), 가는 털실(연분홍색), 글루건, 원단용 염색펜, 스케치펜, 방울솜, 실, 바늘

2

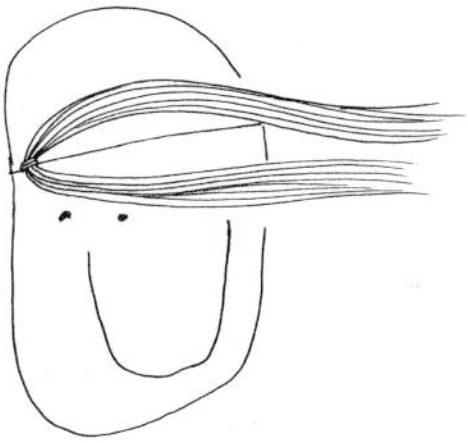

3

앞머리는 실을 넉넉히 준비해
볼륨감 있게 만들어요.

1 인형은 '수줍음 많은 경민이(p.29 참고)'와 같은 방법으로 만든다.
하진이는 길쭉한 팔다리와 동그란 손과 발을 만들어 붙여주면 돼요. 솜을 넣고 공그르기하는 방법은 모두 같아요.

2 분홍색 털실을 약 1m 정도 길이로 잘라 그림처럼 실 중간을 인형 머리에 실로 꿰매 고정시킨다.

3 털실을 모아 잡고 한쪽 방향으로만 계속 돌려가며 꼬아 머리카락 모양을 만든다.

4 끝부분은 꼬아놓은 머리카락 아래쪽에 실로 고정시킨다.
꼬인 머리카락이 고정될 수 있도록 글루건으로 살짝 살짝 붙여주세요.

5 머리카락 위쪽으로 남는 머리 부분에는 파란색 원단을 잘라 안쪽으로 접어 넣어가며 공그르기해 모자를 만든다. 꽃모양 장식을 붙여 마무리한다.

6 원단용 염색펜으로 눈, 코, 입을 그려 인형을 완성한다.

인어공주

한껏 멋을 낸 인어공주예요. 왕관을 쓰고 귀고리도 하고, 알록달록 반짝반짝 파티복도 입었네요. 올이 풀리지 않는 원단을 잘라 알록달록 붙여도 재미있어요.

크기 B4용지에 여백을 조금 남기고 가득 차게 복사한다

준비물 광목, 조각 원단(노란색, 하늘색), 반짝이 원단(인어공주 옷용, 왕관용), 꽃모양 단추 4개, 진주비즈 4개, 털실(갈색), 원단용 염색펜, 스케치펜, 방울솜, 실, 바늘

1

2

3

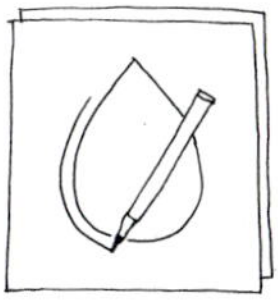

4

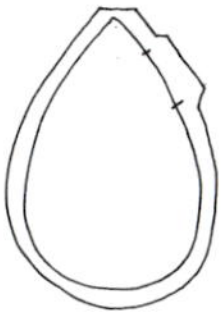

5

6

1 아이가 그린 그림을 원하는 크기로 복사한다.

손가락을 자세하게 표현하려면 B4 사이즈 이상이 되는 크기로 복사하는 게 좋아요!

2 복사한 그림을 부분으로 나누어 자른다. 손가락도 모양 하나하나를 그려 오린다.

3 각 부분 원단을 겉끼리 마주보도록 겹쳐놓고 뒷면에 각각 ②의 종이본을 올린 다음 3mm 정도 크게 밑그림(바느질선)을 그린다.

4 창구멍을 제외하고 바느질선을 따라 촘촘하게 홈질한 뒤 시접 5mm의 여유를 두고 재단한다. 창구멍으로 뒤집고 방울솜을 넣은 다음 공그르기로 마무리한다.

손가락도 그림에 따라 하나하나 만들어 실감나게 표현하세요!

5 얼굴 앞면에 원단용 염색펜으로 눈썹, 눈, 코, 입을 그려 넣고, ④에서 만든 왕관을 머리 위쪽에 공그르기로 붙인다. 왕관 끝에는 진주비즈를 달아준다. 머리 옆쪽에는 그림처럼 털실을 반으로 접어 고정시킨 뒤 길게 땋아 묶는다. 꽃모양 단추를 달아 마무리한다. 양쪽 귀에도 꽃모양 단추를 달아 귀고리를 만든다.

6 반짝이 조각 원단들을 그림처럼 작은 동그라미로 여러 개 잘라 몸통에 감침질로 붙인다. 여러 가지 색깔로 몸 앞부분 전체에 어우러지도록 한다.

7 몸의 각 부분을 공그르기로 연결해 인형을 완성한다.

예쁜 걸그룹의 언니

TV에 나오는 연예인을 좋아하기 시작하면 사춘기가 온 걸까요? 한때 인기가요 프로그램을 화려하게 독차지했던 걸그룹의 언니를 그린 그림이에요. 인기만큼 화려하게 옷을 입혀 보았어요.

크기 A4용지에 여백을 조금 남기고 가득 차게 복사한다

준비물 광목, 조각 원단(빨간색, 검정색), 털실(갈색), 리본테이프(빨간색), 원단용 염색펜, 스케치펜, 방울솜, 실, 바늘

6

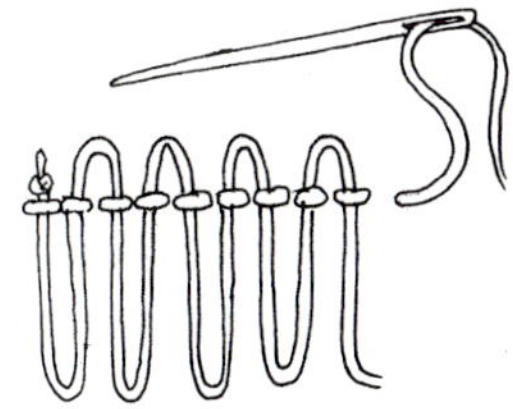

7

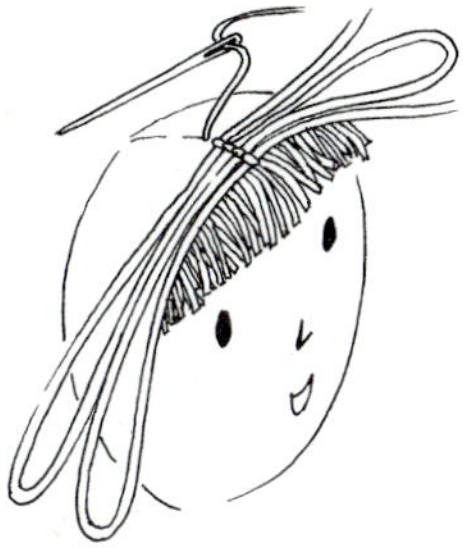

기본 인형 만드는 방법은 같아요. 과정 그림은 p.8을 참고하세요.

1 아이가 그린 그림을 원하는 크기로 복사한다.

2 복사한 그림을 얼굴, 귀, 몸통(팔 포함), 손, 스커트, 다리, 신발 부분으로 나누어 자른다.

3 각 부분 원단을 겉끼리 마주보도록 겹쳐놓고 뒷면에 각각 ②의 종이본을 올린 다음 3mm 정도 크게 밑그림(바느질선)을 그린다.

4 창구멍을 제외하고 바느질선을 따라 촘촘하게 홈질한 뒤 시접 5mm의 여유를 두고 재단한다. 창구멍으로 뒤집고 방울솜을 넣은 다음 공그르기로 마무리한다.

5 완성한 각 부분은 공그르기로 마무리해 연결한다. 얼굴 앞면에 원단용 염색펜으로 눈, 코, 입을 그려 넣는다.

스커트 부분에 흰색 실로 스티치 장식을 넣어도 예뻐요.

6 이마 부분에 그림처럼 털실을 올리고 한 올 한 올 박음질로 고정시켜 앞머리를 만든다.

7 앞머리를 가지런히 자른 다음 그 위쪽으로 정수리부터 내려오는 긴 뒷머리를 만든다.

8 머리카락을 글루건으로 고정시킨 다음 양 갈래로 묶어 리본으로 장식한다. 리본이 풀리지 않도록 글루건으로 고정시킨다.

내 사촌 솔리

여자 아이 인형을 만들 때 머리카락을 어떻게 만들어 붙일까 고민일 때가 많아요. 앞머리도 있고, 정수리부터 길게 내려오는 머리카락 연출이 가장 어렵지요. 털실로 바느질해 만드는 기본적인 방법을 배워보세요.

크기 A4용지에 여백을 조금 남기고 가득 차게 복사한다

준비물 광목, 조각 원단(빨간색, 분홍색, 하늘색), 털실(검정색), 색실(꽃 수놓을 것), 시드비즈, 글루건 또는 공예용 본드, 원단용 염색펜, 스케치펜, 방울솜, 실, 바늘

4

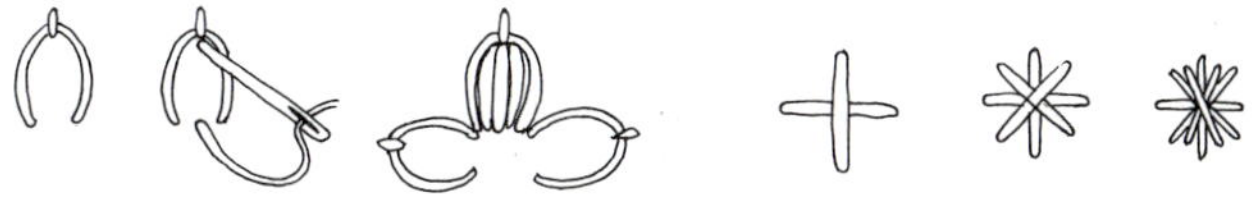

7

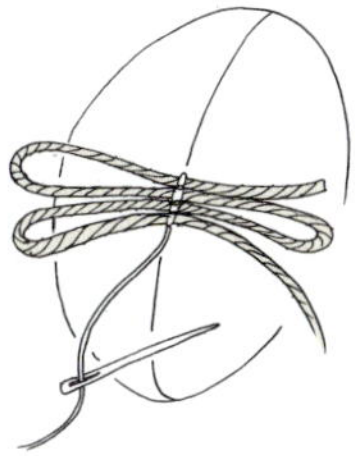

뒷모습이에요. 뒷머리를 가지런히 잘라 정돈하세요.

기본 인형 만드는 방법은 같아요. 과정 그림은 p.8을 참고하세요.

1 아이가 그린 그림을 원하는 크기로 복사한다.

2 복사한 그림을 얼굴, 몸통(삼각형), 팔, 손가락, 다리, 신발 부분으로 나누어 자른다.

3 각 부분 원단을 겉끼리 마주보도록 겹쳐놓고 뒷면에 각각 ②의 종이본을 올린 다음 3mm 정도 크게 밑그림(바느질선)을 그린다.

4 바느질선 바깥으로 시접 5mm의 여유를 두고 자른 삼각형 원단 1장의 앞면에 그림처럼 꽃잎 모양 수를 놓는다(lazy daisy stitch 변형, p.14 참고).

레이지데이지스티치보다 넓게 꽃잎 모양을 잡고 꽃 안쪽을 촘촘하게 메우면 돼요!

5 창구멍을 제외하고 바느질선을 따라 촘촘하게 홈질한 뒤 시접 5mm의 여유를 두고 재단한다. 창구멍으로 뒤집고 방울솜을 넣은 다음 공그르기로 마무리한다. 삼각형 몸통 부분은 ④에서 수놓은 원단이 앞면이 되도록 완성한다.

6 완성한 각 부분은 공그르기로 마무리해 연결한다. 얼굴 앞면에 원단용 염색펜으로 눈, 코, 입을 그려 넣는다.

7 머리의 바느질선을 따라 뒷머리쪽은 길게, 앞머리쪽은 짧게, 털실을 지그재그로 얹어가며 같은 색 실로 박음질한다.

여자 아이 인형을 만들 때 포인트가 되는 머리카락 기법이에요. 중간 굵기 이상의 대바늘용 털실을 이용하면 쉬워요. 여러 가지 길이로 다양한 인형에 응용해보세요.

8 앞머리와 뒷머리를 가지런히 자르고 머리 속을 글루건으로 접착해서 고정시킨 뒤 리본으로 장식한다.

모자 쓴 동네 오빠

바지 입은 테가 늘씬한 멋쟁이 오빠를 그렸네요. 아이 말로는 모자가 포인트래요. 그림대로 색색의 원단으로 모자를 만드느라 시간이 조금 걸렸던 인형이에요. 그래도 모자를 만들어 씌우고 나니 완성도도 높아지고 뿌듯하네요. 아이가 쓰는 모자와 똑같이 만들어 줘도 아이가 좋아할 거예요.

크기 A4용지에 여백을 조금 남기고 가득 차게 복사한다

준비물 광목, 조각 원단(빨간색, 파란색, 모자용 여러 가지), 털실(검정색), 색실(빨간색), 원단용 염색펜, 스케치펜, 시침핀, 방울솜, 실, 바늘

5

기본 인형 만드는 방법은 같아요. 과정 그림은 p.8을 참고하세요.

1 아이가 그린 그림을 원하는 크기로 복사한다. 얼굴, 모자, 티셔츠, 팔, 손, 바지, 발목, 신발로 나누어 자른다. 이때 모자와 얼굴을 한 번에 자르지 말고 얼굴의 완성된 형태를 오린 다음, 모자는 하나 더 그려 오린다.

2 각 부분 원단을 겉끼리 마주보도록 겹쳐놓고 뒷면에 각각 ①의 종이본을 올린 다음 3mm 정도 크게 밑그림(바느질선)을 그린다. *모자는 조각으로 나누어 만들 것이기 때문에 제외해두세요!*

3 창구멍을 제외하고 바느질선을 따라 촘촘하게 홈질한 뒤 시접 5mm의 여유를 두고 재단한다. 창구멍으로 뒤집고 방울솜을 넣은 다음 공그르기로 마무리한다.

4 모자를 제외하고 완성한 각 부분을 공그르기로 마무리해 연결한다. 얼굴 앞면에 원단용 염색펜으로 눈, 코, 입을 그려 넣는다.

5 머리의 정수리 부분에 그림처럼 털실을 지그재그로 올려놓고 같은 색깔 실로 한 올 한 올 꿰매 고정시킨다.

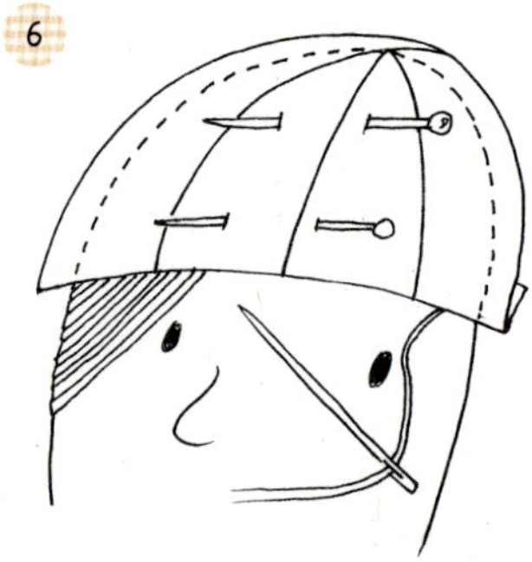

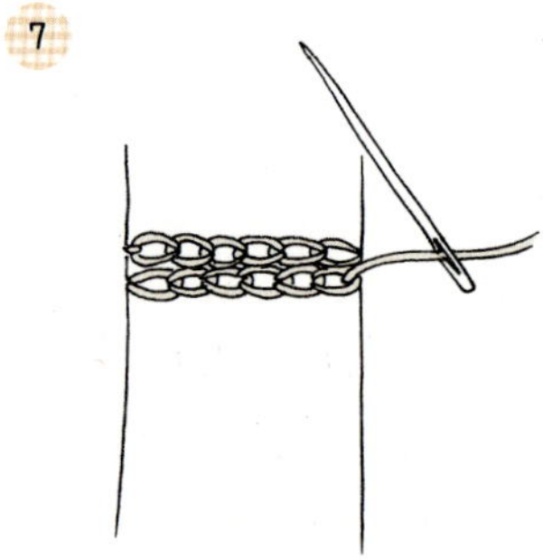

조각을 예쁘게 배열해 뒷면에서 홈질로 이어 모자 모양을 완성하세요. 청바지에는 체인스티치로 스트라이프 모양을 만들어요.

6 모자는 조각 원단을 잘라 홈질로 이어 모양을 만든다. 완성된 모자의 시접 부분을 넉넉히 남기고 자른 다음 머리 위에 올려 그림처럼 시침핀으로 고정시키고 공그르기로 붙인다.

이마 한쪽 옆으로 앞머리가 그림처럼 살짝 보이도록 모자를 씌워요!

7 바지의 붉은 라인은 체인스티치(chain stitch, p.14 참고)로 표현한다.

느릿느릿 거북이

해맑게 웃으며 천천히 지나가고 있는 거북이에요. 시커먼 돌멩이 처럼 보일 수 있는 거북이지만 아이 눈에는 이렇게 예뻐 보이지 않을까 싶어, '퀼트' 기법으로 만들었어요. 얼굴 표정은 아이 마음 대로 그려 넣게 해봐도 좋아요.

크기 A4용지에 여백을 조금 남기고 가득 차게 복사한다

준비물 광목, 퀼트용 원단(2가지), 접착심지, 조각 원단(갈색 체크), 원단용 염색펜, 스케치펜, 시침핀, 방울솜, 실, 바늘

1

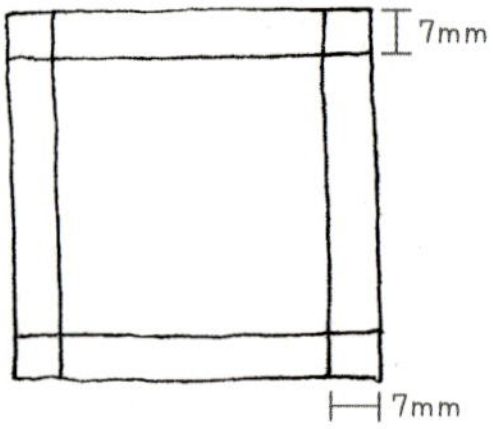

2

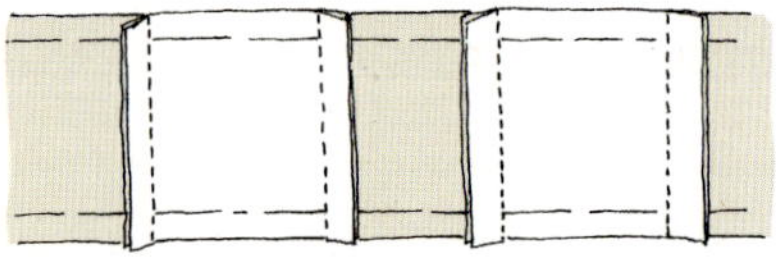

3

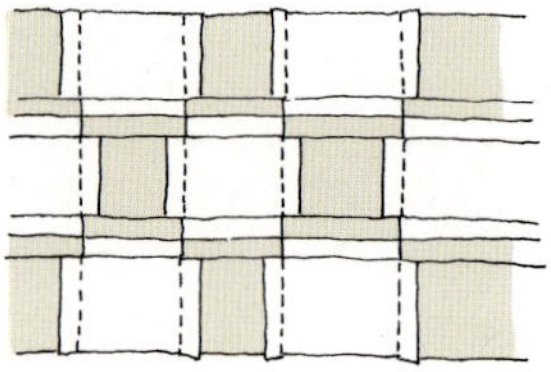

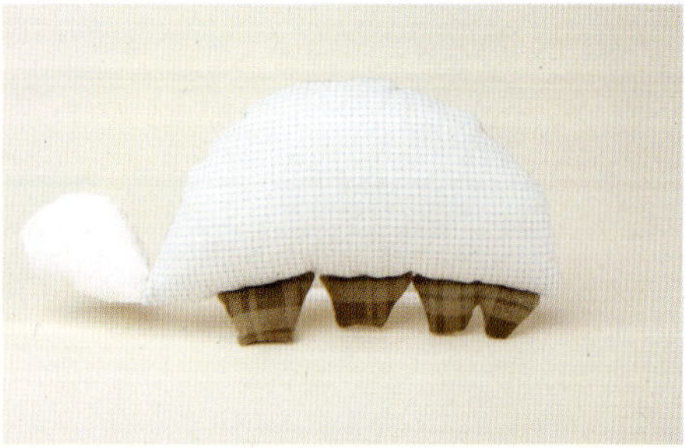

앞면은 퀼팅으로, 뒷면은 단색 원단으로 만들어요.
집에 있는 조각 원단을 활용하면 좋아요.

1 거북이 몸통을 기본적인 퀼트 기법을 이용해 만든다. 먼저, 정사각형 크기를 정한 다음(3.5cm 정도) 사방 7mm의 시접을 두고 재단한다. 2가지 원단을 사용한다.

2 2가지 원단을 번갈아 시접 부분을 마주 대고 그림처럼 촘촘하게 홈질해 이어 나간다. 시접은 어두운색 쪽으로 접어서 다림질한다.

밝은색과 어두운색 원단을 번갈아 사용하면 보기 좋아요!

3 1줄씩 이은 천과 천의 시접은 그림처럼 양쪽으로 갈라서 다림질한다.

4

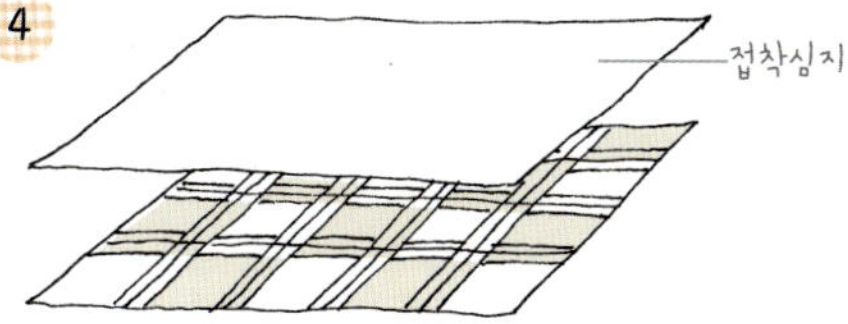

5

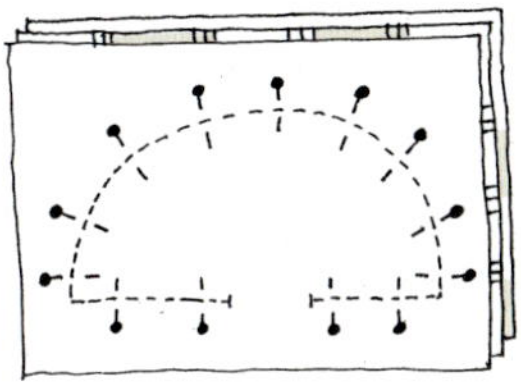

6

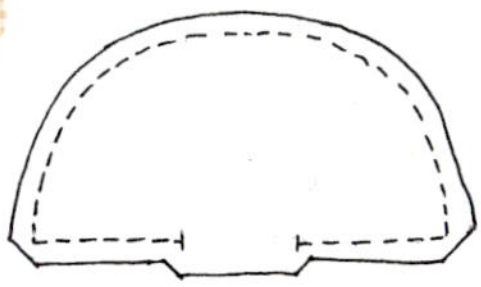

4 조각을 이어놓은 천에는 바로 박음질하기 어려우므로 접착심지를 붙여 사용한다.
시접이 나와 있는 면에 같은 크기로 자른 접착심지를 올리고 물을 뿌려 다림질해 붙여요. 접착심지 한 쪽 면에 풀 성분이 있으므로 이 부분이 시접들과 마주보도록 붙이세요.

5 접착심지를 부착한 퀼팅 원단과 광목을 겹쳐놓고 광목 쪽에 거북이 등 모양 밑그림을 그린 다음 그림처럼 시침핀을 꽂아 고정시킨다. 창구멍을 빼고 촘촘하게 홈질한 다음 시접 5~7mm의 여유를 두고 재단한다.
시침핀을 꽂은 채로 손바느질 또는 재봉질할 수 있어요!

6 창구멍으로 뒤집고 방울솜을 넣은 다음 창구멍은 공그르기로 마무리한다.

7 광목과 체크무늬 원단으로 각각 얼굴과 발을 만든 다음 퀼트로 만든 거북이 등에 공그르기로 이어 인형을 완성한다. 원단용 염색펜으로 눈과 입을 그려 넣는다.

내 맘대로 얼룩소

어른 눈에 얼룩소는 흰색과 검정색의 심플한 동물이지요? 하지만 아이의 상상 속 얼룩소는 달라요. 알록달록한 색깔에 꼬리는 위로 감아 올라가 있어요. 아이의 상상력이 마음껏 발휘된 그림들은 어느 누구도 똑같이 그릴 수 없는 소중한 작품들이랍니다.

크기 A4용지에 여백을 조금 남기고 가득 차게 복사한다

준비물 퀼트용 원단(여러 가지), 조각 원단(다리, 꼬리, 눈), 접착심지, 원단용 염색펜, 스케치펜, 시침핀, 방울솜, 실, 바늘

1

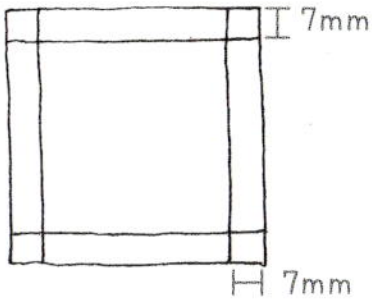

2

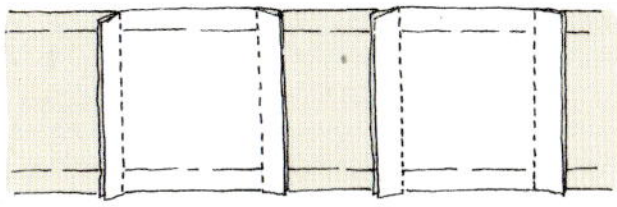

3

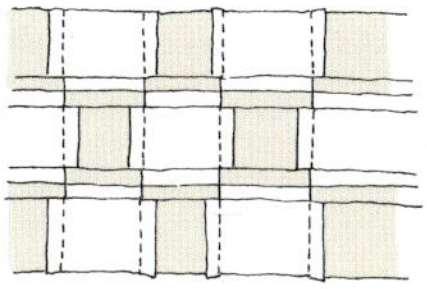

4

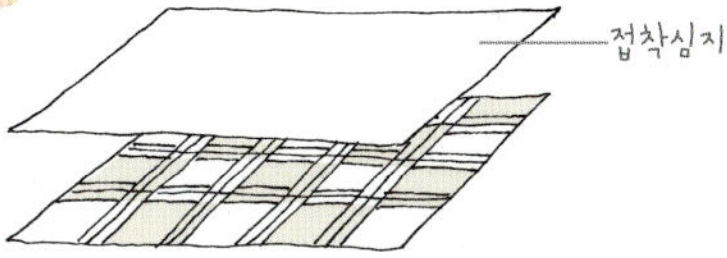

1 얼룩소의 얼굴과 몸통을 퀼트 기법을 이용해 만든다. 먼저, 정사각형 크기를 정한 다음(4cm 정도) 사방 7mm의 시접을 두고 재단한다. 여러 가지 원단을 사용한다.

2 2가지 원단을 번갈아 시접 부분을 마주 대고 그림처럼 촘촘하게 홈질해 이어 나간다. 시접은 어두운색 쪽으로 접어서 다림질한다.

여러 가지 색이 고루 어우러지도록 배열해보세요!

3 1줄씩 이은 천과 천의 시접은 그림처럼 양쪽으로 갈라서 다림질한다.

4 조각을 이어놓은 천에는 바로 박음질하기 어려우므로 접착심지를 붙여 사용한다.

시접이 나와 있는 면에 같은 크기로 자른 접착심지를 올리고 물을 뿌려 다림질해 붙여요. 접착심지 한쪽 면에 풀 성분이 있으므로 이 부분이 시접들과 마주보도록 붙이세요.

5 접착심지를 붙인 퀼트조각천과 인형 뒷면 원단을 겹쳐놓고 뒷면 원단에 그림을 스케치하여 시침핀으로 고정시킨다. 창구멍을 제외하고 촘촘하게 홈질한 다음, 시접 5mm를 남기고 재단한다.

시침핀을 꽂은 채로 손바느질 또는 재봉질 할 수 있어요!

6 창구멍으로 각각 뒤집고 방울솜을 넣은 다음 창구멍은 공그르기로 마무리한다.

7 얼굴과 몸통은 공그르기로 연결하고 나머지 조각 원단들로 다리, 꼬리를 만들어 공그르기로 연결해 인형을 완성한다.

다리를 만들 때 조각 원단을 재단해 만들어도 되고, 얼굴과 몸통을 퀼팅한 원단 남은 것을 그대로 사용해도 좋아요!

8 흰색과 검정색 펠트를 이용해 눈을 만들어 붙인다.

나는 무슨 공룡이게?

등에 뿔이 뾰족뾰족, 다리는 길고, 꼬리는 나비 모양! 나는 무슨 공룡일까요? 아이가 그린 그림이 재미있어 스케치해두었던 거예요. 뿔은 빳빳한 펠트로 만들고, 몸은 튼튼한 갑옷처럼 보이도록 스팽글을 붙여 꾸몄어요.

크기 A4용지에 여백을 조금 남기고 가득 차게 복사한다

준비물 퀼트용 원단(하늘색, 파란색), 조각 원단(얼굴, 다리, 꼬리), 펠트(연두색), 스팽글, 시드비즈, 원단용 염색펜, 스케치펜, 시침핀, 방울솜, 실, 바늘

DETAILS

2

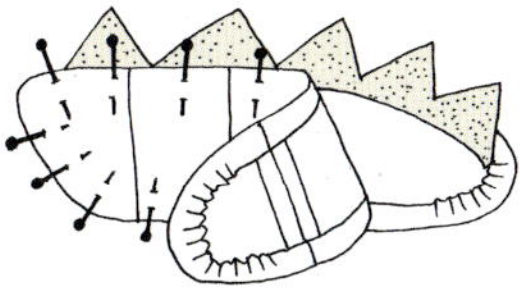

5

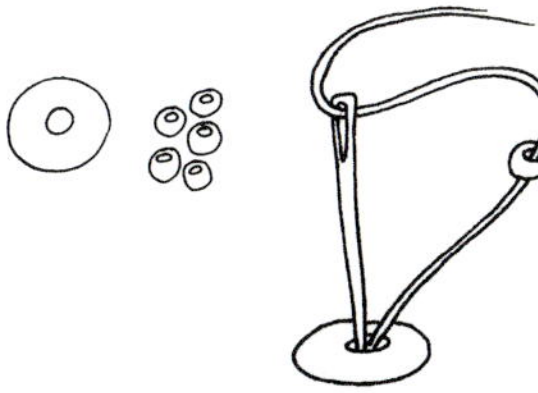

몸, 다리, 꼬리 모두 각각 만들어
공그르기로 연결해요.

펠트 뿔은 몸 앞면과 뒷면 사이에 끼워주세요.

자세한 퀼트 기법은 p.112의 ①~②번 그림을 참고하세요!

1 하늘색과 파란색 원단을 퀼트 기법으로 이어 공룡 몸통 앞면을 만든다. 바느질로 이어 붙인 원단의 시접들은 갈라서 다림질한다.

2 그림처럼 몸통 앞면, 펠트 뿔, 몸통 뒷면을 차례로 겹쳐서 시침핀으로 고정시킨다.

3 창구멍만 제외하고 둘레를 따라 공그르기한다. 창구멍으로 방울솜을 넣고 공그르기로 마무리한다.

4 조각 원단으로 얼굴과 다리, 꼬리를 만들어 몸통에 공그르기로 연결한다.

5 스팽글과 시드비즈로 몸통을 장식한다. 스팽글 1개에 시드비즈 1개를 얹어 함께 바느질해 연결하면 된다.

인형뿐 아니라 액세서리나 생활소품에도 아이 그림이 등장할 수 있어요. 그림대로 오린 조각 천을 패치워크한 가방이나 헤어액세서리, 그림을 전사프린트해서 만든 티셔츠와 도자기도 있어요. 그림을 소중하게 간직할 수 있는 방법이 참 많지요.

object

부엉이 쿠션

아이 그림을 디지털인쇄 또는 전사프린트하는 기법을 이용해 쿠션커버를 만들어보세요. 그림의 색감 그대로를 살려 더 의미 있어요. 거실에 두고 여러 사람이 오가며 감상할 수 있지요. 원단을 재단해 커버 만드는 법도 살짝 알려드릴게요.

크기 가로 51cm×세로 51cm(그림 크기 : 가로 31cm×세로 31cm)

준비물 면 원단(흰색, 남색, 하늘색), 소창(안감), 2온스 솜, 쿠션 솜 (50×50cm), 원단용 염색펜, 스케치펜, 시침핀, 실, 바늘

2

3

4

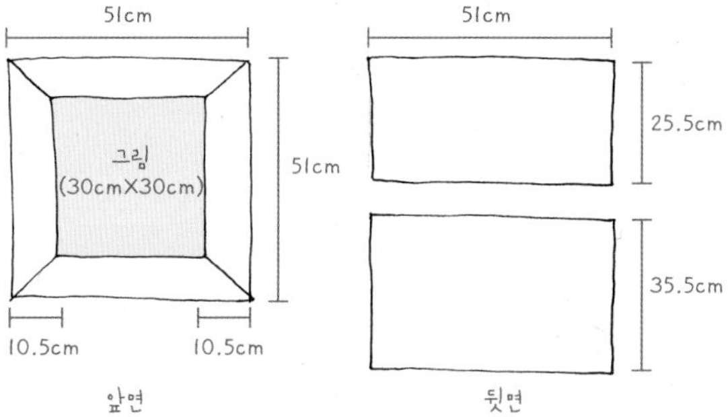

1 아이 그림을 고해상도로 스캔 받는다.

2 포토샵 프로그램에서 그림을 수정한다.

포토샵에서 이미지를 수정하는 방법을 알아봅시다!

①이미지 메뉴로 들어가

···› 모드mode에서 CMYK 색상을 체크합니다.

···› 이미지 크기를 원하는 대로 입력합니다. 해상도는 150 또는 300픽셀/인치가 적당해요.

···› 조정에서 곡선 또는 레벨을 선택해서 명암과 색을 조정합니다.

②펜pen 툴로 외곽선을 그린 뒤 선택합니다. 선택 메뉴의 반전 모드로 선택을 반전한 뒤 delete하면 배경이 깨끗해집니다.

3 그림 데이터를 원단에 직접 디지털프린팅하거나, 전사용지에 잉크젯 프린터를 사용해 프린트한 뒤 천에 올려놓고 다림질한다.

4 흰색 원단과 색깔 원단을 펼쳐놓고 그림과 같은 사이즈로 재단한다. 재단할 때 시접은 모두 사방 7mm를 두고, 재단한 가장자리는 오버로크한다.

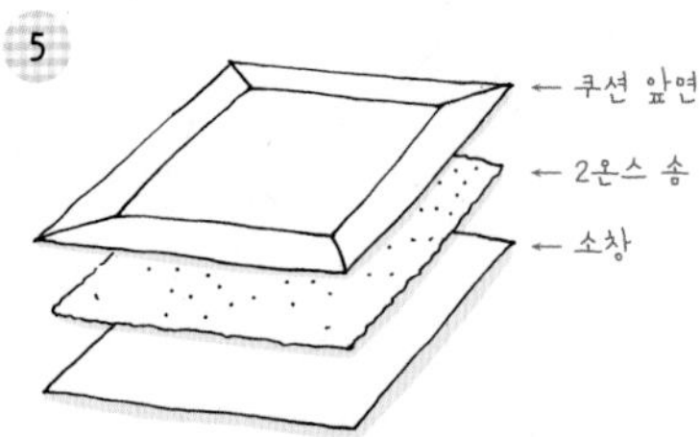

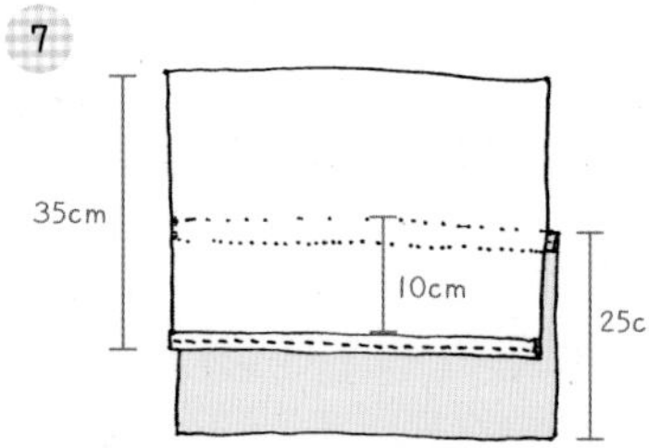

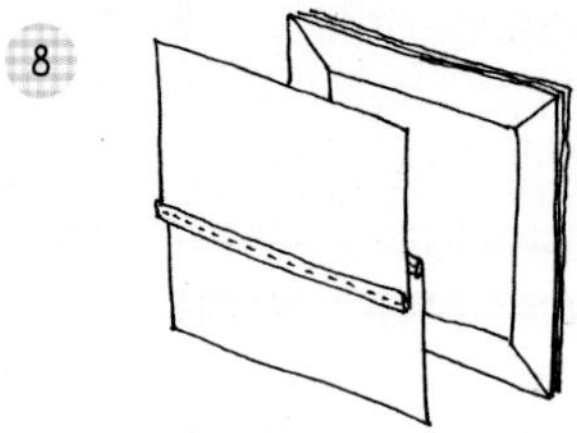

5 커버의 앞면과 소창 사이에 2온스 솜을 그림처럼 놓고 움직이지 않도록 시침핀으로 고정시킨다.

6 그림 외곽선을 따라 촘촘하게 퀼팅한다.

7 커버의 뒷면이 될 두 조각의 한쪽 끝 가장자리를 두 번 말아서 박음질한 뒤 그림처럼 10cm 폭을 겹쳐놓고 시침핀으로 고정시킨다.

8 쿠션의 앞뒷면을 마주보게 하여 시침핀으로 고정시킨 다음 외곽선을 따라 박음질한다.

9 커버를 뒤집은 다음 쿠션 솜을 넣어 마무리한다.

지퍼를 달지 않고 솜을 넣었다 뺐다 할 수 있는 커버예요.

네 가지 모양 룸 슬리퍼

실내용 슬리퍼도 아이 그림으로 재미있게 꾸밀 수 있어요. 원하는 사이즈로 슬리퍼까지 제작할 수도 있지만 간단하게 만드는 법을 알려드릴게요. 시중에 판매하는 원단 소재 슬리퍼를 구입해 발등 부분만 새롭게 꾸미면 됩니다.

강아지와 햇님 슬리퍼

크기 가족들의 발 사이즈에 맞는 슬리퍼

준비물 강아지 : 슬리퍼, 벨벳 또는 벨루어 원단(흰색), 조각 원단(회색 체크무늬), 색실(검정색), 방울솜, 스케치펜, 시침핀, 실, 바늘
햇님 : 슬리퍼, 조각 원단(노란색), 색실(노란색, 파란색, 빨간색), 큐빅, 방울솜, 스케치펜, 시침핀, 실, 바늘

1

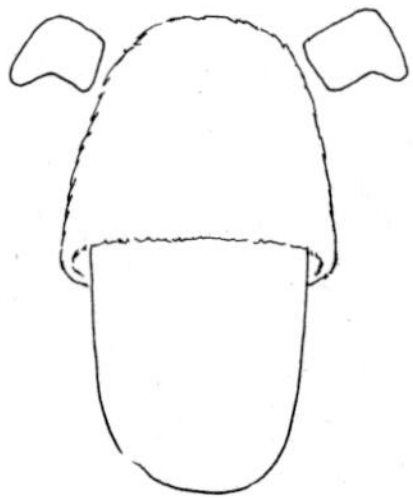

5

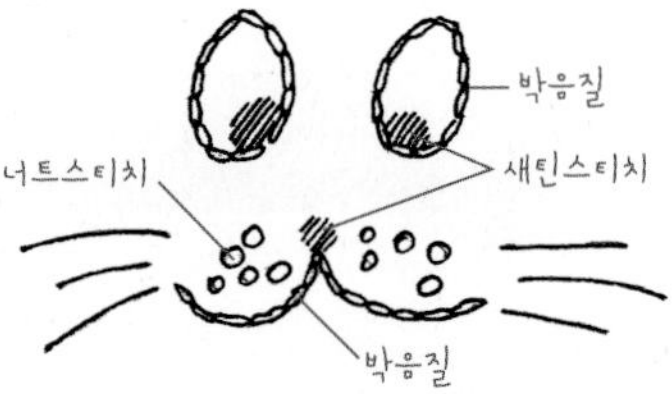

강아지 슬리퍼 만들기

1 복슬복슬한 강아지 느낌을 살리기 위해 벨벳 또는 벨루어 원단을 준비한다. 슬리퍼 발등 부분 사이즈에 맞게 밑그림을 그린 다음 사방 5~7mm 여유를 두고 재단한다.

2 재단한 원단을 슬리퍼 발등 부분 위에 올리고 시침핀으로 고정시킨 뒤 가장자리를 안으로 접어가며 공그르기로 붙인다.

3 체크무늬 조각 원단 뒷면에 귀 모양 밑그림을 4개 그린 다음 사방 5mm의 여유를 두고 재단한다. 2장씩 짝지어 겉끼리 마주보도록 겹쳐놓고 창구멍만 남기고 촘촘하게 홈질한다.

4 창구멍으로 뒤집고 방울솜을 넣은 다음 공그르기로 마무리한다. 슬리퍼 양쪽에 각각 귀를 공그르기해 붙인다.

5 눈, 코, 입은 그림처럼 각각 박음질, 새틴스티치(satin stitch, p.14 참고), 프렌치너트스티치(french knots stitch, p.14 참고)로 꾸민다.

1

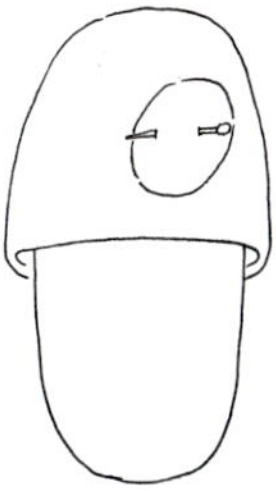

3

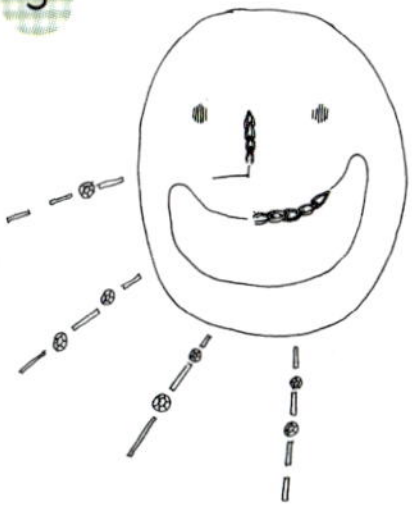

4

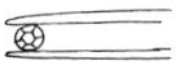

햇님 슬리퍼 만들기

1 슬리퍼 발등 위에 햇님 얼굴을 아플리케(아플리케는 p.9 참고)한다. 노란색 원단을 햇님 모양으로 자른 다음 슬리퍼에 시침핀으로 고정시킨다.

2 방울솜을 넣어 볼륨감을 주면서 아플리케를 완성한다.

3 눈은 새틴스티치(satin stitch, p.14 참고), 코와 입은 체인스티치(chain stitch, p.14 참고)로 꾸민다. 햇살 모양은 홈질로 자유롭게 표현한다.

4 핀셋으로 큐빅을 하나씩 집어 큐빅 뒷면을 라이터로 녹인 다음 굳기 전에 재빨리 햇살 스티치 위에 붙여 장식한다.

곱슬머리 소년과 똥머리 소녀 슬리퍼

크기 가족들의 발 사이즈에 맞는 슬리퍼

준비물 곱슬머리 소년 : 슬리퍼, 광목, 털실(회색), 단추 2개, 색실(회색, 빨간색), 방울솜, 스케치펜, 시침핀, 실, 바늘
똥머리 소녀 : 슬리퍼, 광목, 조각 원단(검정색), 꽃장식(또는 리본 테이프), 색실(검정색, 빨간색), 방울솜, 스케치펜, 시침핀, 실, 바늘

1

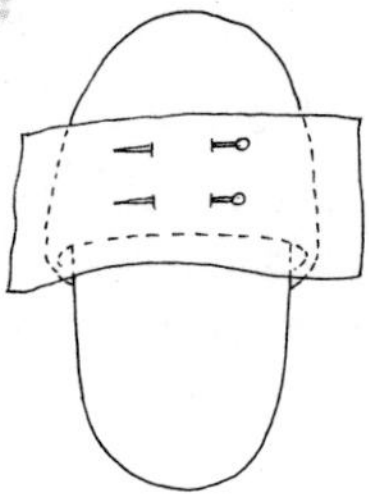

3

곱슬머리 소년 슬리퍼 만들기

1 슬리퍼 발등에 광목 원단을 붙여 얼굴을 만든다. 광목을 직사각형으로 잘라 그림처럼 시침핀으로 고정시킨 뒤 가장자리를 안으로 접어가며 창구멍을 제외하고 공그르기한다.

2 창구멍으로 방울솜을 넣어 살짝 볼륨감을 주고 공그르기로 마무리한다.

3 털실을 손가락에 세 바퀴씩 감아 바느질로 고정시키며 곱슬곱슬한 앞머리를 만든다.

4 단추로 눈을 달고, 코와 입은 체인스티치(chain stitch, p.14 참고)로 꾸민다.

똥머리 소녀 슬리퍼 만들기

1 슬리퍼 발등에 광목 원단을 붙여 얼굴을 만든다. 광목을 직사각형으로 잘라 그림처럼 시침핀으로 고정시킨 뒤 가장자리를 안으로 접어가며 창구멍을 제외하고 공그르기한다.

'곱슬머리 소년'과 얼굴 만드는 방법이 같아요!

2 똥머리는 조각 원단 2장을 맞대어 스케치한 뒤 창구멍을 제외하고 홈질한다. 창구멍을 통해 천을 뒤집고 방울솜을 넣은 다음 공그르기로 창구멍을 마무리한다.

3 똥머리를 슬리퍼 양쪽에 각각 공그르기해 붙인다.

4 뾰족뾰족한 앞머리는 검정색실로 새틴스티치(satin stitch, p.14 참고)해 자연스럽게 만든다. 양쪽에 꽃장식 또는 리본 테이프로 만든 리본을 달아 꾸민다.

5 눈과 입은 새틴스티치(satin stitch, p.14 참고), 코는 박음질로 꾸민다.

1

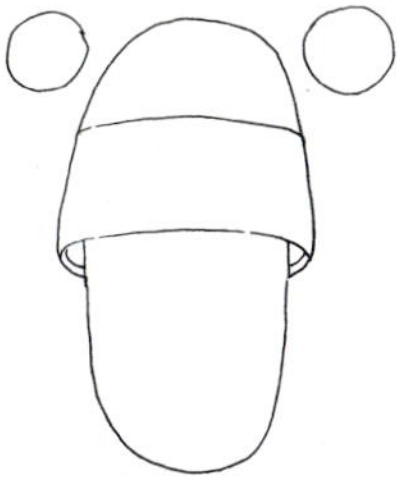

4

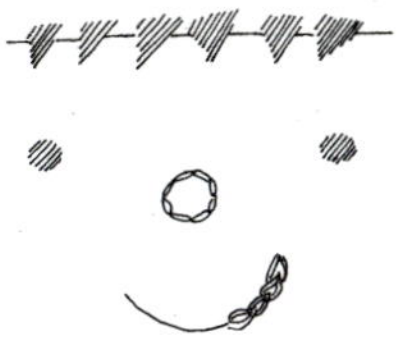

할아버지 안경집

손녀가 꼬물꼬물 그린 그림으로 할아버지 안경집을 만들어드리면 정말 특별한 선물이 되겠지요? 그림을 프린트하는 방법도 있지만 그림 라인을 따라 수를 놓아 똑같이 재현해도 참 예뻐요. 안경이나 선글라스를 집어넣는 헝겊 케이스를 만들어 안경 모양별로 수를 놓아보세요.

크기 가로 9cm×세로 21cm

준비물 리넨, 안감용 원단(체크무늬), 바네, 색실(갈색, 검정색), 2온스 접착솜, 스케치펜, 시침핀, 핀셋, 실, 바늘

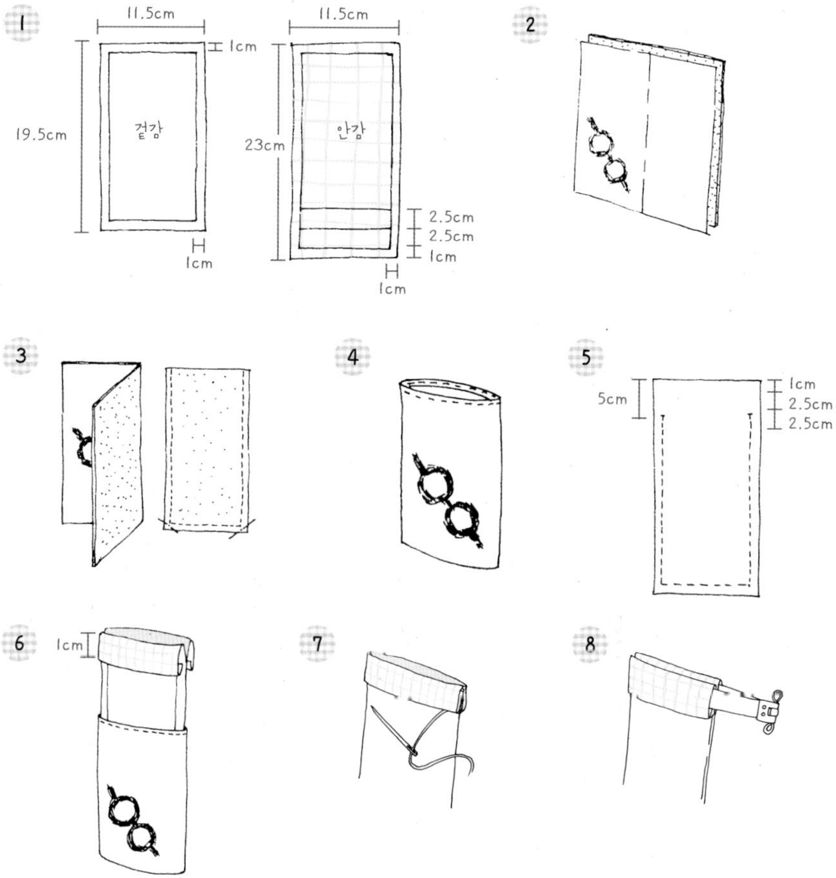

1 겉감과 안감을 각각 2장씩 겉끼리 마주보도록 겹친다. 그림처럼 바느질선과 재단선을 그린다.

2 겉감에 안경을 스케치하여 수놓고, 원단 뒷면에 2온스 접착솜을 붙인 다음 재단한다.

3 그림처럼 겉감 2장을 마주 대고 옆면과 아랫면을 바느질한 뒤 모서리를 잘라낸다.

4 겉감을 뒤집어 입구의 시접을 안쪽으로 접어 넣고 시침질한 뒤 다린다.

5 안감은 위에서 5cm 떨어진 부분부터 바느질한다.

6 바느질한 안감의 윗부분(1cm)을 그림처럼 바깥쪽으로 접는다. 다시 2.5cm를 접은 다음 안감을 겉감 속으로 집어 넣는다.

7 안감 위쪽 입구 부분을 겉감 바깥으로 내어 공그르기로 겉감에 연결시킨다.

8 공간이 생긴 입구에 그림처럼 바네를 집어넣어 안경집을 완성한다.

꽃을 수놓은 가방

집에 있는 원단이나 안 입는 옷으로 헝겊가방을 만들곤 해요. 이럴 때 아이가 그린 그림을 모티브로 수를 놓으면 훨씬 예쁜 가방이 완성되지요. 연필로 슬쩍 그려놓은 그림들도 얼마든지 훌륭한 바느질 소재가 됩니다.

크기 가로 23cm×세로 31cm

준비물 겉감용 원단(무늬, 단색, 갈색 등), 안감용 원단(단색), 손잡이용 면 테이프, 색실, 스케치펜, 실, 바늘

2

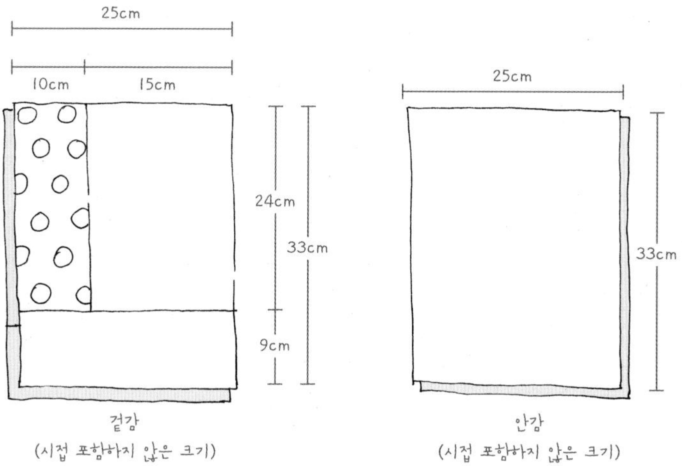

3

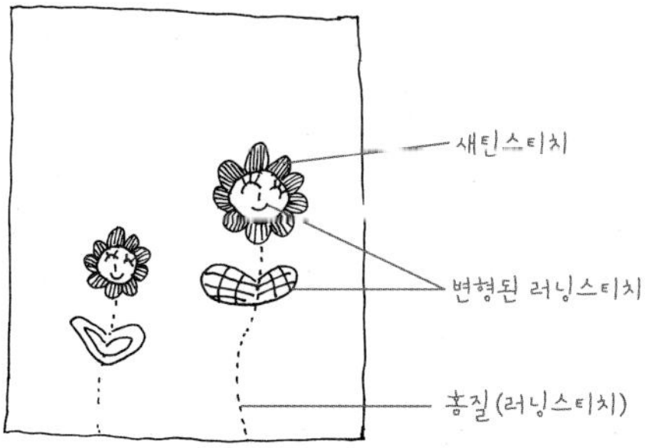

1 겉감용 원단은 2~3가지 원단 조각을 이어 포인트를 준다. 원단을 이을 때는 원단 겉끼리 마주보도록 겹쳐놓고 시접 5mm의 여유를 남긴 선을 바느질해 서로 잇는다.

2 겉감용 원단 2장과 안감용 원단 2장을 각각 시접 7mm의 여유를 두고 재단한다.

3 앞면이 될 겉감 겉면에 그림처럼 밑그림을 그려놓고, 각각 새틴스티치(satin stitch, p.14 참고), 변형된 러닝스티치(whipped running stitch, p.14 참고), 홈질로 수를 놓는다.

4 겉감과 안감 모두 겉끼리 마주보도록 겹쳐놓고 바느질선을 따라 촘촘하게 홈질한다. 겉감과 안감의 입구는 시접을 접어 다림질한다. 가방 아래쪽 각각의 모서리는 그림처럼 접어 4cm를 박음질한다. 그림처럼 안감을 그대로 겉감 안에 집어넣는다.

겉감과 안감 모두 모서리 처리(p.133 참고)를 해요!

5 겉감과 안감 사이에 손잡이 끈 2줄을 각각 넣고 시침핀으로 고정시킨 다음 그림처럼 2줄로 박음질해 완성한다.

손잡이 끈을 넉넉한 길이로 집어 넣어 원단 사이에 단단하게 고정될 수 있도록 하세요!

4

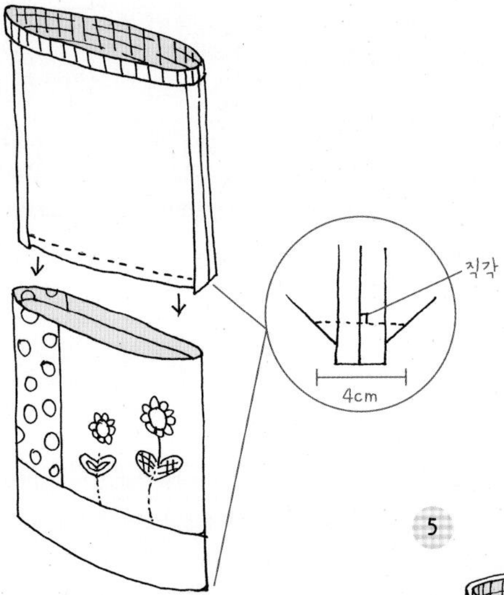

5

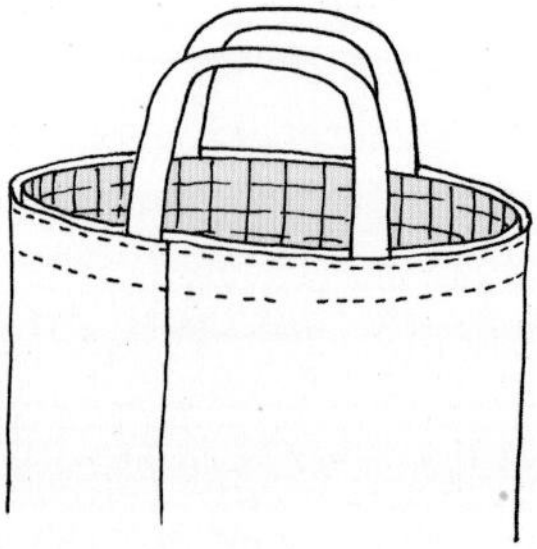

TIP 모서리 깔끔하게 처리하는 법

바느질을 하다 보면 면과 면이 만나는 모서리를 직각으로 깔끔하게 처리하기 힘들어 끝이 엉성해지곤 해요. 모서리를 말아박기로 처리해 그 부분이 두꺼워지거나 둥그스름해지지 않도록 예쁘게 만드는 법을 알아두세요.

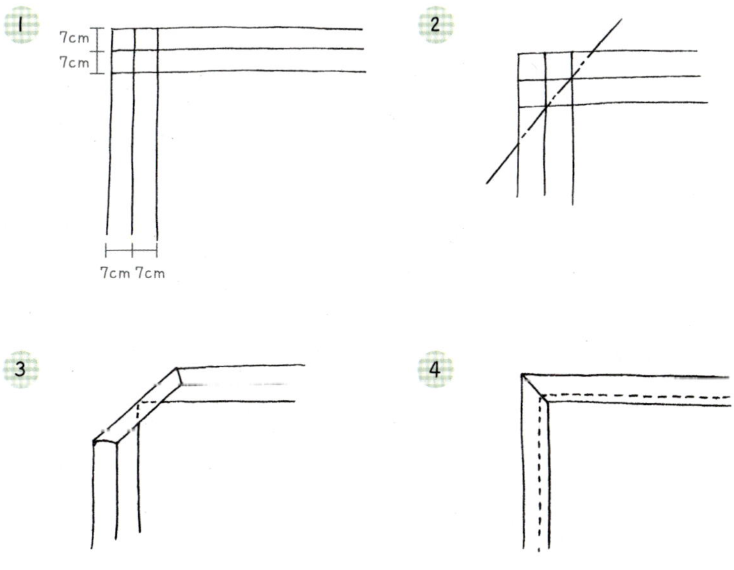

1 시접선을 7mm씩 2번 그린다.

2 시접선에 그림처럼 사선으로 선을 그어 모서리를 자른다.

3 자른 면을 안으로 접어 다림질한다.

4 나머지 시접을 2번 말아 접어 다림질한 뒤 그림처럼 박음질한다.

예쁜 원피스를 입은 인형 가방

무늬 없는 가방이 심심할 때 활용하면 좋은 방법이에요. 아이 그림을 복사해 원단을 조각조각 재단한 다음 아플리케로 장식하는 거예요. 아플리케 장식은 볼륨감이 있어 그림을 입체적으로 표현하기에 좋아요. 집에 있는 조각 원단들을 모아 만들어보세요.

크기 가지고 있는 가방에 들어갈 만한 크기

준비물 단색 에코백, 조각 원단(여러 가지), 꽃모양 단추 2개, 큐빅, 시드비즈, 자수실, 먹지, 마분지, 스케치펜, 시침핀, 실, 바늘

1

2

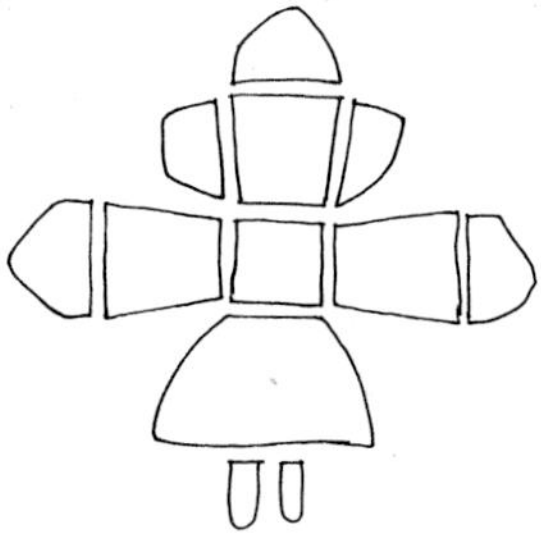

3

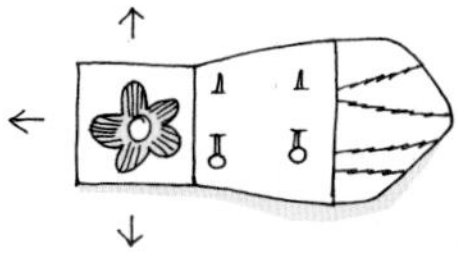

1 아이 그림을 가방 크기에 따라 알맞은 크기로 복사한다. 마분지 위에 먹지를 대고 그림을 올린 다음 라인을 따라 밑그림을 그린다.

2 그림에 따라 마분지를 조각조각 자른 다음 각 부분의 원단을 씌워 아플리케 재료를 준비한다(아플리케 기본 방법 p.9 참고).

3 가슴 가운데 부분이 될 원단 겉면에 새틴스티치(satin stitch, p.14 참고)로 꽃을 수놓는다. 각 부분의 원단을 그림처럼 사방으로 한 조각씩 이어서 펼쳐놓고 시침핀으로 고정시킨 다음 공그르기로 이어나간다. 손가락 끝부분은 변형된 러닝스티치(whipped running stitch, p.14 참고)로 마무리한다.

4 원단용 염색펜으로 눈, 코, 입을 그리고 머리에는 큐빅을 붙여 장식한다. 꽃모양 단추로 귀고리를 달아주고, 꽃수를 놓은 곳에는 시드비즈를 꿰맨다. 손가락 스티치 부분에는 작은 파란색 구슬 2개를 꿰매 반지를 만든다.

오리 모양 헤어핀

딸이 있다면 헤어 액세서리 만들어주는 재미도 꽤 쏠쏠해요. 리본이나 꽃모양만 만들지 말고, 아이가 좋아하는 동물 모양 헤어핀도 만들어보세요. 펠트로 만들면 쉽게 모양낼 수 있어요. 테두리를 버튼홀스티치하는 법만 배우면 돼요.

크기 가로 5cm 핀대를 사용

준비물 펠트(흰색, 파란색, 분홍색), 똑딱이핀대(5cm), 큐빅, 색실, 스케치펜, 실, 바늘

1

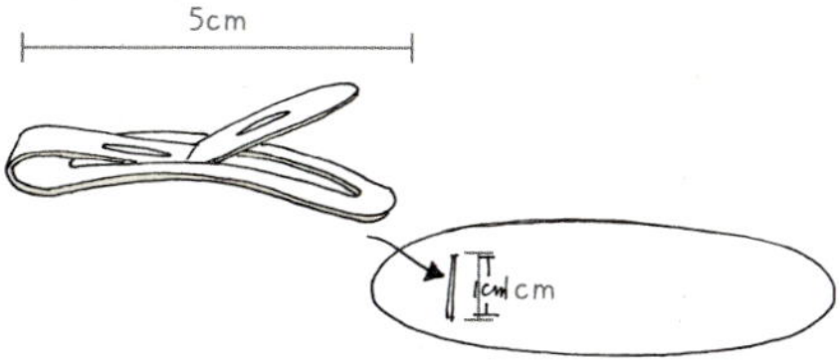

3

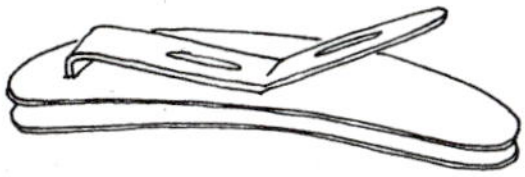

4

5

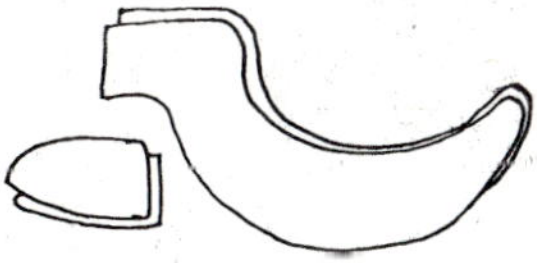

7

1 파란색 펠트를 똑딱핀대보다 큰 타원형으로 오려 2장을 준비한다. 그 중 1장에는 1cm 정도의 칼집을 낸다. *칼집 낸 부분에 핀대를 끼울 거예요!*

2 나머지 타원형 펠트에는 지그재그로 물결 모양 스티치를 한다.

3 ①의 칼집 사이에 핀대를 끼워 넣고 ②의 펠트로 덮는다.

4 가장자리를 그림처럼 버튼홀스티치(buttonhole stitch, p.14 참고)한다.

5 흰색과 분홍색 펠트로 각각 오리 몸통과 부리 모양을 2장씩 재단한다.

6 오리 가장자리를 버튼홀스티치(buttonhole stitch, p.14 참고)하면서 안쪽에 방울솜을 조금 넣어 볼륨감 있게 만든다.

7 오리를 물결무늬 스티치 위에 바느질로 고정시켜 핀을 완성한다.

블링블링~ 자동차 헤어밴드

밋밋한 헤어밴드에 장식을 더해보세요. 아이 그림과 같은 모양으로 원단을 오려 안쪽에 솜을 넣어 통통하게 만들고 스팽글과 비즈로 화려하게 꾸며요. 손바느질로 쉽게 할 수 있는 방법이에요. 엄마의 취향에 따라 재료나 컬러가 다양하게 바뀔 수 있어요.

준비물 패브릭으로 감싼 헤어밴드, 조각 원단(자동차 본체, 바퀴), 스팽글, 시드비즈, 사각형 크리스탈비즈, 스케치펜, 방울솜, 실, 바늘

1

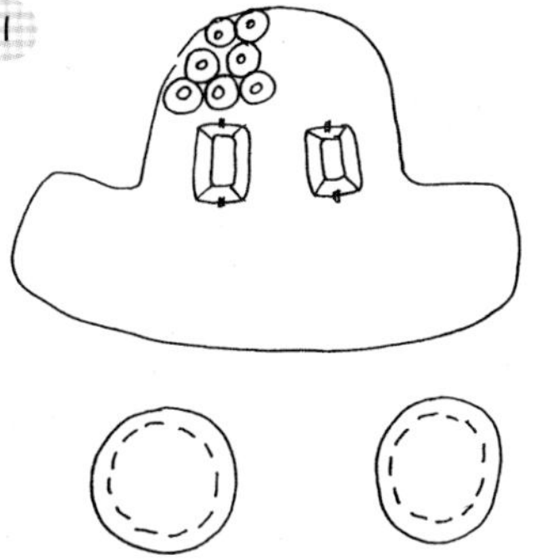

3

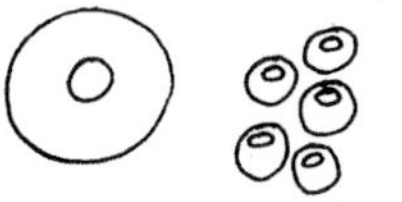

4

1 아이 그림을 헤어밴드에 알맞은 크기로 복사해 오린 다음 원단에 밑그림을 그려 재단한다. 본체와 바퀴로 나누어 안쪽에 각각 방울솜을 넣어 통통하게 만든 다음 공그르기로 이어 자동차 모양을 만든다(기본 인형 만들기 p.8 참고).

자동차 바퀴에 흰색 실로 스티치해서 꾸미면 예뻐요.

2 사각형 크리스탈비즈 2개를 자동차 창문 위치에 시침질로 고정시킨다.

비즈 위아래에 구멍이 있어 실로 한 땀 떠 고정시키기 편해요.

3 자동차 윗부분을 꾸밀 스팽글과 시드비즈를 준비한다.

4 그림처럼 스팽글 1개와 시드비즈 1개를 짝지어 바느질로 자동차에 붙인다. 바늘을 스팽글에 통과시킨 다음 시드비즈를 걸어 다시 스팽글로 통과시키면 함께 고정된다.

숲속의 모빌

부엉이, 나비, 얼룩소, 꽃과 풀들이 모여 사는 숲속이에요. 모아두었던 아이 그림 중에서 모빌에 달면 예쁠 만한 것들을 골라보세요. 원단에 직접 프린트하는 디지털프린트 기법을 활용했어요. 작은 비즈나 스팽글, 스티치 등으로 마음껏 꾸며볼 수 있어요.

준비물 면 원단(모빌 앞면), 여러 가지색 원단(모빌 뒷면), 모빌 틀, 원단용 염색펜, 스케치펜, 방울솜, 실, 바늘

2

3

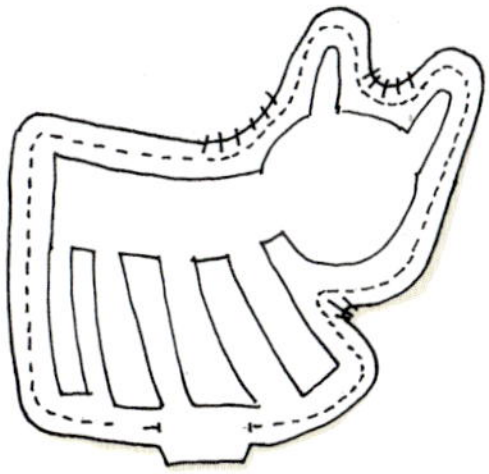

4

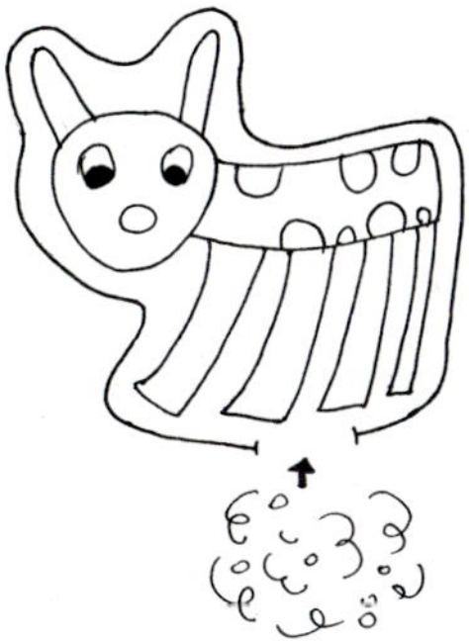

'이상한 나라의 얼룩소(p.32)'와 만드는 법이 같아요. 다른 그림도 모두 같은 방법으로 만들면 됩니다!

1 아이그림을 포토샵 프로그램에서 정리한 뒤(컬러, 해상도 등) 면과 같은 무지 원단에 디지털프린팅(p.121 참고)을 한다.

2 뒷면용 컬러 원단을 ①과 같은 크기로 준비해 겉끼리 마주보도록 겹쳐놓는다.

3 그림보다 3mm 정도 크게 바느질선을 그려 창구멍을 제외하고 촘촘하게 홈질한다. 곡선 부분에 가위집을 넣은 다음 시접 7mm를 남기고 자른다.

4 창구멍으로 뒤집고 방울솜을 넣은 다음 공그르기로 마무리한다.

5 완성된 4개의 모양에 각각 실을 꿰어 모빌 틀에 연결한다. 모빌 위쪽에는 끈을 연결해 모빌을 매달 수 있도록 한다.

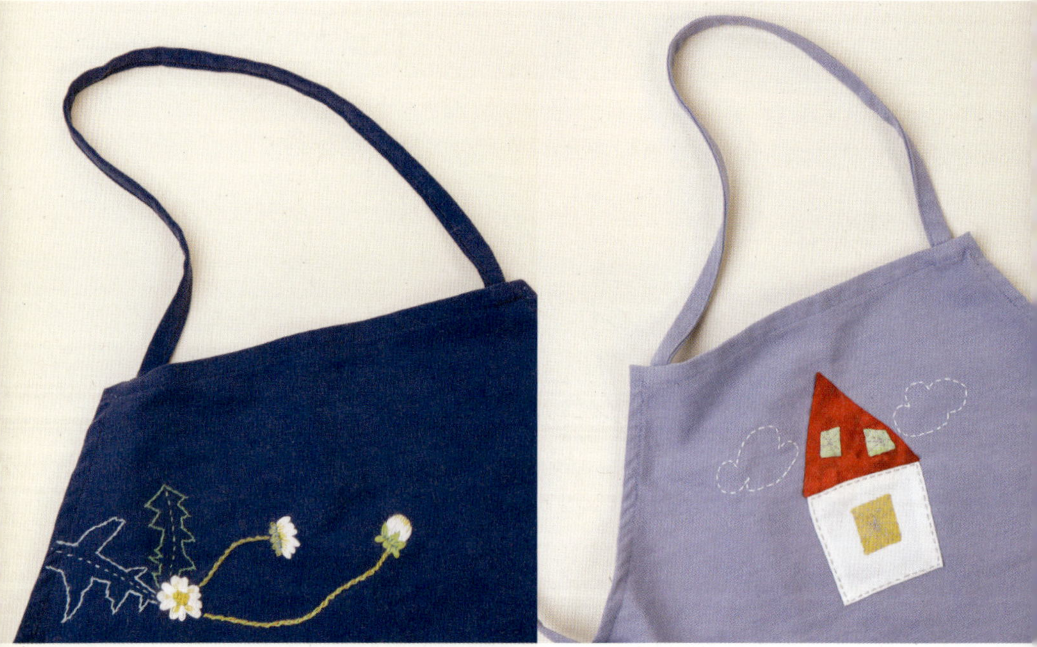

요리 시간! 앞치마를 준비해요

엄마와 함께하는 요리 시간에는 앞치마를 준비하세요. 아무 장식 없는 앞치마를 준비해 원하는 그림으로 수를 놓거나 아플리케로 꾸며보아요. 엄마가 만들어준 앞치마를 입으면 훨씬 신 나는 요리 시간이 될 거예요.

준비물 엄마 앞치마 : 엄마 앞치마, 색실, 스케치펜, 바늘
아이 앞치마 : 아이 앞치마, 조각 원단, 마분지, 딱풀, 색실, 스케치펜, 시침핀, 실, 바늘

엄마 앞치마 만들기

1 무늬 없는 단색 앞치마를 준비한다.
2 아이 그림 중에서 수를 놓을 그림을 골라 복사해서 오린다.
3 수를 놓을 자리를 정해 종이본을 올려놓고 밑그림을 그린다.
4 꽃은 레이지데이지스티치(lazydaisy stitch, p.14 참고)를 변형하거나 새틴스티치(satin stitch, p.14 참고)로 표현한다. 꽃술(노란색과 그린색 부분)은 프렌치너트스티치(french knots stitch, p.14 참고)로 표현한다. 잎은 스템스티치(stem stitch, p.14 참고)와 홈질로 표현한다.
5 꽃의 줄기는 체인스티치(chain stitch, p.14 참고)에 변형 스티치(whipped stitch, p.14 참고)를 더해 표현한다.

4

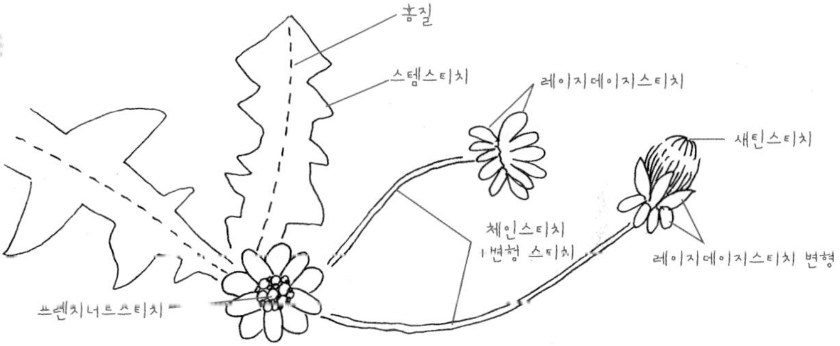

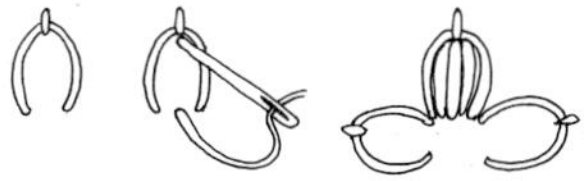

레이지데이지스티치 변형

5

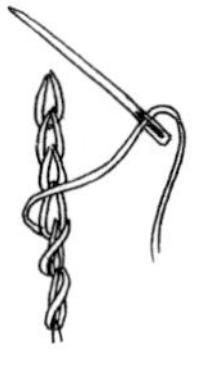

2

3

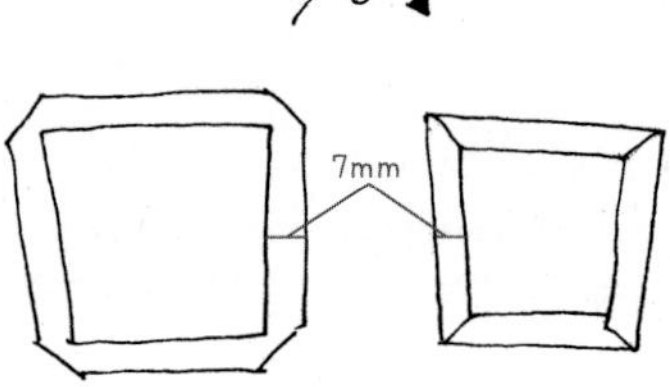

4

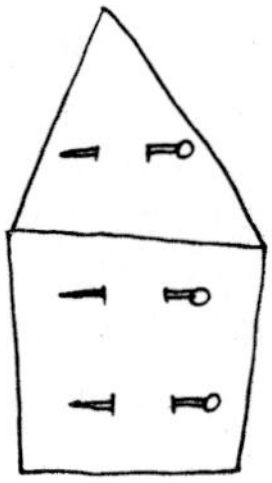

아이 앞치마 만들기

1 무늬 없는 단색 앞치마를 준비한다.

2 아이 그림을 원하는 크기로 복사해 부분으로 자른다.

3 원단에 종이본을 올리고 각각 종이본보다 7mm 정도 크게 자른다. 자른 원단 위에 마분지 조각(종이본과 같은 크기)을 올리고 딱풀을 살짝 발라 시접을 꼼꼼히 접어 붙인다. 다림질한 뒤 종이는 떼어낸다.

4 완성된 집 모양을 앞치마에 시침핀으로 고정시키고 공그르기로 붙인다. 홈질로 창문을 스티치해 완성한다.

그림을 프린트한 가족 티셔츠

흰색 티셔츠에 그림을 전사해 나만의 옷을 만들어요. 아이가 그린 그림이 티셔츠에 그대로 프린트돼 근사한 새 옷이 되는 과정을 보는 재미가 쏠쏠하지요. 여러 가지 그림으로 엄마, 아빠, 아이가 입을 가족 티셔츠를 만들어주세요.

준비물 무늬 없는 단색 티셔츠(흰색 또는 어두운색), 전사지, 다리미

밝은색 티셔츠에 프린트하기

전사지를 이용해 프린트하는 기본 방법(p.10)을 꼭 참고하세요. '밝은색 전용 전사지'를 사용합니다.

1 전사지에 원하는 그림을 프린트한다. 티셔츠에 맞게 그림 크기를 조절한다.

2 프린트한 이미지를 여백 5mm만 남기고 오린 다음 티셔츠 위에 그림을 뒤집어서 놓고 다리미로 구석구석 꼼꼼하게 눌러 다림질한다.

160℃로 90~120초 정도 다림질해요.

3 충분히 식힌 다음 전사용지를 떼어낸다.

어두운색 티셔츠에 프린트하기

전사지를 이용해 프린트하는 기본 방법(p.11)을 꼭 참고하세요. '어두운색 전용 전사지'를 사용합니다.

1 전사지에 원하는 그림을 프린트한다. 티셔츠에 맞게 그림 크기를 조절한다.

2 프린트한 이미지를 오린 다음 뒷면(바둑판무늬)의 접착용지를 떼어내고 티셔츠 위에 올린다. 어두운색 전용 전사지에 함께 포함되어 있는 노란색 종이로 그림을 덮은 다음 다리미로 구석구석 꼼꼼하게 눌러 다림질한다.

160℃로 60~90초 정도 다림질해요.

3 충분히 식힌 다음 전사용지를 떼어낸다.

티셔츠를 만들 때와 같은 방법으로 작은 원단에 아이 그림을 프린트하세요. 방울솜을 넣어 예쁜 열쇠고리를 만들 수 있어요.

물고기 한 마리 컵받침

물고기 한 마리가 헤엄치고 있는 컵받침이에요. 더운 여름날 투명한 유리잔에 음료수를 담아 이 컵받침 위에 올려놓으면 절로 시원해지겠죠? 원단 전용 염색물감을 이용해 아이와 함께 그려보세요.

크기 가로 10cm×세로 10cm

준비물 광목, 원단용 염색물감, 가는 붓, 색실 또는 흰색 실, 스케치펜, 바늘

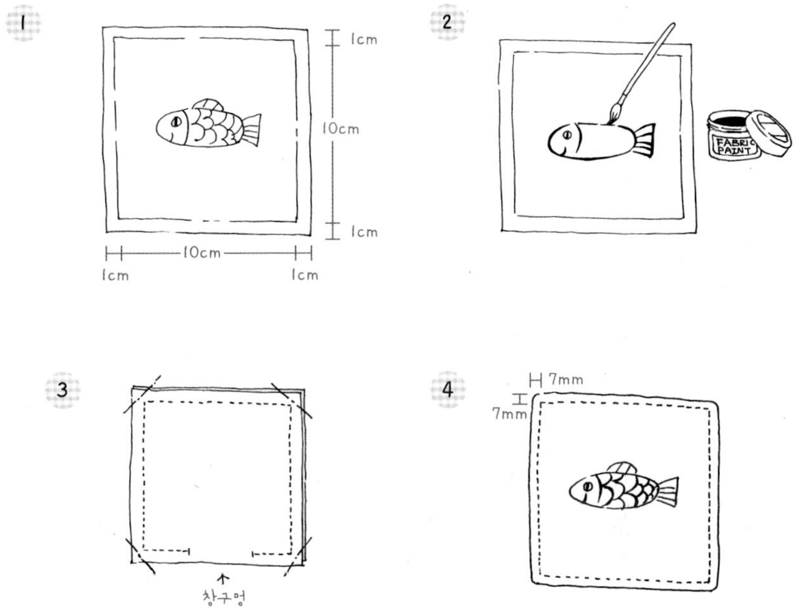

1 광목 2장을 그림과 같은 크기로 재단한 뒤 1장의 앞면에 스케치펜으로 밑그림을 그린다.
2 붓을 이용해 원단용 염색물감으로 밑그림을 따라 그림을 그린다.
3 창구멍을 제외하고 바느질선을 따라 촘촘하게 홈질한 뒤 모서리는 그림처럼 잘라낸다.
4 창구멍으로 뒤집고 외곽선에서 7mm 안쪽 선에 다시 한 번 홈질해 컵받침 1개를 완성한다.
5 같은 방법으로 컵받침 1개를 더 만든다. 물고기 주위에 파란 물을 그리고 싶을 때는 물고기 라인 바깥으로 둥글고 자연스럽게 칠해나간다.

나무 공원

아이에게 자기가 그린 그림이 그려진 밥그릇 세트를 선물해주세요. 초벌이 되어 있는 도자기를 구입해 도자기 전용 물감으로 그림을 그린 다음 소성작업을 거치면 돼요. 도자기 작업을 할 수 있는 공방을 찾아 여러 가지를 만들어봐요.

준비물 초벌 된 도자기(밥그릇, 국그릇), 스펀지, 먹지, 도자기 전용 물감, 연필

1

2

3

4

1 초벌 된 도자기를 구입해 물 묻은 스펀지로 표면을 닦아 이물질을 제거한다.

2 도자기 크기에 맞춰 아이 그림을 복사한다.

3 도자기 위에 먹지를 대고 그림을 올려 연필로 따라 그린다.

먹지로 인해 도자기가 지저분해졌더라도 걱정하지 마세요. 소성 과정에서 지워진답니다!

4 도자기 전용 물감으로 밑그림 안쪽을 색칠한다.

도자기 전용 물감의 색깔과 소성작업 후 완성된 색깔은 많이 달라요. 구워지는 동안 색이 변하는 것을 감안해서 작업하세요! 도자기전용 물감의 색이 쓰여 있는 이름과 다르더라도 이름을 보고 원하는 색을 선택하세요. 소성 후 그 색이 나온답니다.

도자기 전용 연필로 그리는 법도 알아두세요!

1 아이 그림을 컵 크기에 맞춰 복사한다.

2 초벌 된 도자기에 먹지를 대고 그림을 올려 연필로 따라 그린다.

3 도자기 전용 연필로 밑그림 위에 다시 그린다.

먹지 자국과 연필선은 소성작업 중에 사라집니다!

2

3

지우개 판화 식탁매트

조각도로 지우개에 모양을 내 종이에 찍어봤던 것, 기억이 날 거예요. 여러 가지 그림을 골라 지우개 도장을 만들어보세요. 칭찬스티커 대신 사용할 수도 있고 아이 그림이나 일기에 사인처럼 도장을 찍어보게 해도 좋지요. 식탁매트나 티셔츠 등을 꾸밀 수도 있어요.

준비물 리넨 소재 식탁매트, 지우개, 먹지, 네임펜, 조각도, 원단용 염색물감, 색실(파란색), 바늘

1

2

3

4

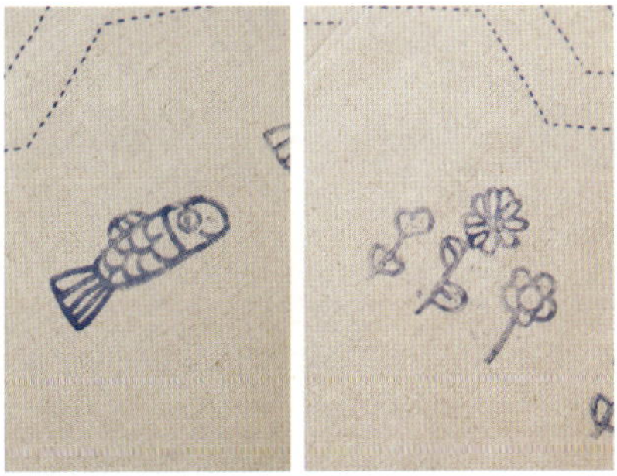

1 아이 그림을 원하는 크기로 복사한다.

2 지우개 위에 먹지를 대고 그림을 올려 밑그림을 그린다.

3 밑그림을 따라 네임펜으로 다시 한 번 그린다.

너무 가는 펜은 도장판을 만들기 어려워요. 중간 굵기 이상의 네임펜을 사용하세요.

4 조각도를 이용해 네임펜으로 그린 선을 제외한 지우개를 파내 물고기 모양 선만 남긴다.

5 지우개 도장에 원단용 염색물감을 묻혀 매트 위 원하는 곳에 찍는다. 완전히 말린 뒤 다림질을 하면 세탁 후 색이 빠지지 않는다. 파란색실을 이용해 홈질로 매트를 꾸민다.

물고기가 헤엄치는 밥상

아이가 그린 여러 종류의 물고기들이 살랑 살랑 헤엄치는 밥상이에요. 밥공기, 국공기, 접시, 티포트, 물컵 등 다양한 초벌구이 된 도자기를 구입해 아이만의 그릇을 만들어주세요.

준비물 초벌 된 도자기, 전사프린트지, 스펀지

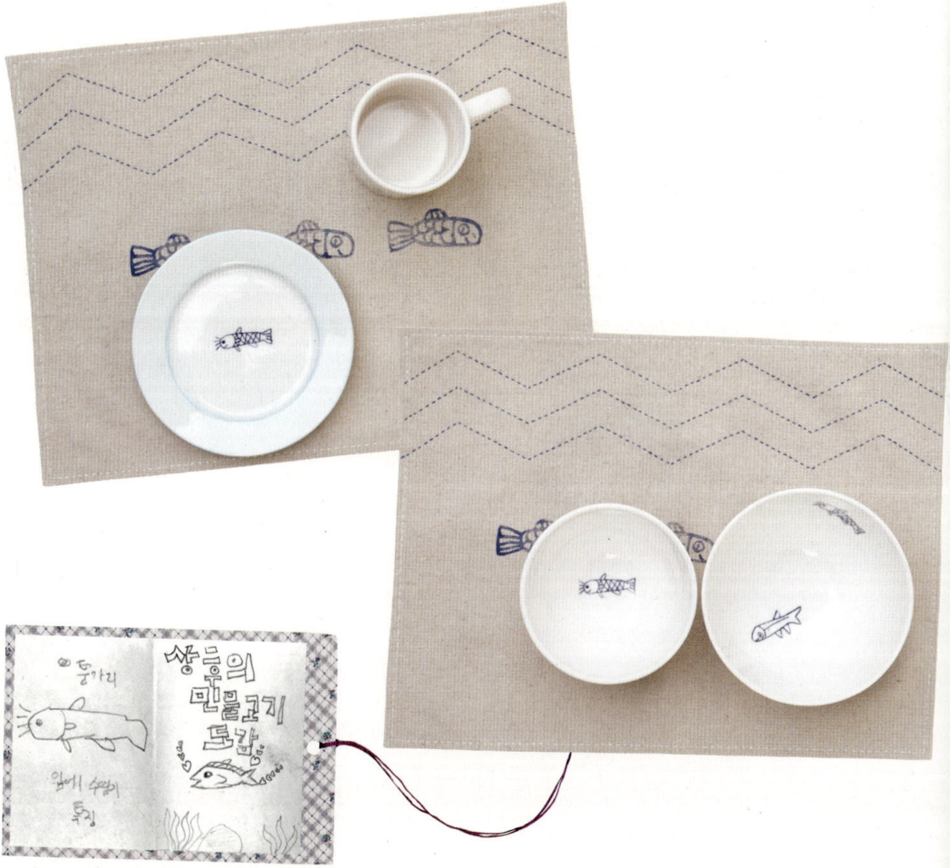

'초벌도자기에 전사프린트하기(p.12)'를 참고하세요!

1 용도에 따라 초벌구이 된 도자기를 구입한다.
2 아이 그림을 도자기 크기에 맞게 하회전사지를 제작한다.
3 전사지를 오려 도료가 묻은 쪽을 도자기에 대고 스펀지로 물을 묻힌다.
4 전사지를 떼어낸 뒤 소성작업을 거쳐 완성한다.

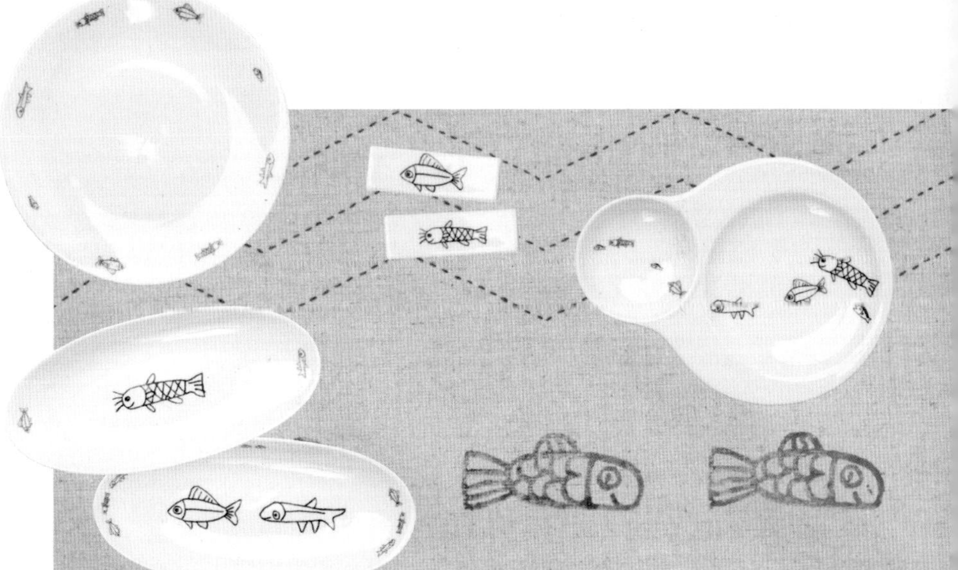

아이 그림으로 엄마가 만든

세상에 딱 하나뿐인 인형

초판 1쇄 발행일 2015년 7월 13일

지은이 백선애
펴낸이 윤은숙
편집 책임 이희원
디자인 여치 http://srladu.blog.me
사진 박건상 gunpark1@gmail.com
마케팅 석철호 나다연 옥찬미
관리 구법모, 엄철용

펴낸 곳 (주)느림보
등록일자 1997년 4월 17일
등록번호 제10-1432호
주소 경기도 파주시 회동길 198
전화 편집부 031-955-7383 마케팅 031-955-7374
팩스 031-955-7393
홈페이지 www.nurimbo.co.kr

책값은 뒤표지에 있습니다.
ISBN 978-89-5876-199-0 13590

이 도서의 국립중앙도서관 출판시도서목록(CIP)은 e-CIP 홈페이지(http://www.nl.go.kr/ecip)와
국가자료공동목록시스템(http://www.nl.go.kr/kolisnet)에서 이용하실 수 있습니다.
(CIP제어번호 : CIP2015017761)